Jornada Azure DevOps na Prática

Antonio Muniz
Analia Irigoyen
Fabrício Gama
Joana Carrasco
Marcelo Nascimento Costa
Norberto Hideaki Enomoto
Ricardo Almandos Irigoyen

Jornada Azure DevOps na Prática

Unindo teoria e prática com o objetivo de acelerar o aprendizado do Azure DevOps para quem está iniciando

BRASPORT
Rio de Janeiro
2021

Editor: Sergio Martins de Oliveira
Gerente de Produção Editorial: Marina dos Anjos Martins de Oliveira
Editoração Eletrônica: Abreu's System
Capa: Jailson Barbosa
Arte final: Trama Criações

J82 Jornada Azure DevOps na Prática : unindo teoria e prática com o objetivo de acelerar o aprendizado do Azure DevOps para quem está iniciando / Antonio Muniz ... [et al.].– Rio de Janeiro: Brasport, 2021.
208 p. ; il ; 17 x 24 cm.

Inclui bibliografia.
ISBN 978-65-88431-35-1

1. Liderança. 2. Produtividade. 3. Eficiência no trabalho. 4. Recursos humanos. 5. Planejamento. 6. Projetos. I. Muniz, Antonio. II. Irigoyen, Analia. III. Carrasco, Joana. IV. Costa, Marcelo. V. Enomoto, Norberto Hideaki. VI. Irigoyen, Ricardo Almandos. VII. Título.

CDU 65.011.4

Catalogação na fonte: Bruna Heller (CRB10/2348)

Índice para catálogo sistemático:
1. Produtividade / Eficiência / Sucesso / Etc. 65.011.4

BRASPORT Livros e Multimídia Ltda.
Rua Washington Luís, 9, sobreloja – Centro
20230-900 Rio de Janeiro-RJ
Tels. Fax: (21)2568.1415/3497.2162
e-mails: marketing@brasport.com.br
vendas@brasport.com.br
editorial@brasport.com.br
www.brasport.com.br

Jornada Colaborativa

Experiências colaborativas que transformam vidas!

Conectamos pessoas apaixonadas por tecnologia e agilidade, criamos livros colaborativos de alta qualidade e transformamos vidas compartilhando experiências e doando a receita para instituições carentes!

Juntos somos mais inteligentes e já concretizamos várias iniciativas colaborativas (2019 e 2020):

1. Lançamento de 11 livros com mais de 400 coautores
2. JornadaSummits com mais de 3.500 participantes em 13 sábados
3. JornadaCast com mais de 50 episódios ao vivo
4. Jornada Learning com mais de 500 participantes em seis trilhas
5. Jornada Globo Day com 1.380 participantes ao vivo (3.453 inscritos)
6. Doação de R$ 137 mil para 12 instituições carentes
7. Impactamos mais de 20 mil vidas (conteúdos + alimentação)

Tudo começou com um sonho de compartilhar conhecimento através do livro "Jornada DevOps", que foi escrito por 33 pessoas com experiências complementares. A união do time com outras comunidades em várias cidades mobilizou a disseminação de novas experiências...

O experimento dos cinco Summits de lançamento dos três primeiros livros em 2019 uniu mais de 50 empresas e comunidades, permitindo ingressos com valor simbólico e direito a livro para 1.277 pessoas, além da doação de R$ 25 mil para quatro instituições carentes.

O primeiro semestre de 2020 reforçou nosso trabalho colaborativo com 50 voluntários trabalhando intensamente na **Jornada contra a crise**, que arrecadou R$ 100 mil para 10 instituições com 13 sábados para mais de 3.500 participantes *on-line* que receberam 160 palestras de alta qualidade com 25 presidentes, 50 executivos e 80 *experts* em agilidade, tecnologia, inovação e transformação digital.

A **Jornada Learning** iniciou no segundo semestre de 2020 com o objetivo de capacitar pessoas do mercado, captar recursos para lançar os novos livros da Jornada e ceder vaga gratuita para quem está em busca de recolocação, com direito a livro, *workshop*, mentoria e camisa da Jornada. Graças ao apoio de várias organizações, disponibilizamos mais de 400 vagas gratuitas para colaborar na recolocação de pessoas que investem em sua qualificação.

Nosso DNA é unir pessoas e tecnologia, aproveitando nossos participantes com perfil multidisciplinar: desenvolvedores, QA, *SysAdmin*, arquitetos, *Product Owners*, Gerentes de Produtos, *Agile Coaches*, *Scrum Masters*, analistas de negócio, empreendedores, gerentes de projetos, psicólogas, executivos, UX, CX, equipes de RH, recrutadores, analistas de marketing, engenheiros, etc.

Livros escritos pela Jornada Colaborativa até o momento:

1. "Jornada DevOps", com 33 coautores e 4 curadores.
2. "Jornada Ágil e Digital", com 56 coautores e 2 curadores.
3. "Jornada Ágil de Qualidade", com 24 coautores e 4 curadores.
4. "Jornada Saudável", com 26 coautores e 7 curadores.
5. "Jornada Ágil do Produto", com 69 coautores e 4 curadores.
6. "Jornada DevOps 2ª edição", *best-seller* com 36 coautores e 4 curadores.
7. "Jornada Ágil de Liderança", com 86 coautores e 5 curadores.
8. "Jornada do Ágil Escalado", com 64 coautores e 6 curadores.
9. "Jornada Java", com 32 coautores e 6 curadores.
10. "Jornada Business Agility", com 48 coautores e 5 curadores.
11. "Jornada Kanban na prática", com 23 coautores e 5 curadores.
12. "Jornada RH Ágil", com 52 coautores e 7 curadores.
13. "Jornada Colaborativa", com 44 coautores e 1 curador.
14. "Jornada Azure DevOps", com 19 coautores e 7 curadores.

Juntos somos mais inteligentes e podemos transformar mais vidas, criar amizades e fazer a diferença nas organizações e na sociedade! Entre em nossa Jornada para participar das iniciativas que estejam ligadas ao seu propósito de vida:

<www.jornadacolaborativa.com.br>
<www.jornadalearning.com.br>
<https://www.linkedin.com/company/jornadacolaborativa/>
<https://www.meetup.com/pt-BR/JornadaColaborativa>
<contato@jornadacolaborativa.com.br>

JORNADA
COLABORATIVA

Prefácio

Caro leitor,

Um dos grandes desafios que as organizações enfrentam ao buscar melhorias em suas práticas de gestão e engenharia é como pôr aquilo que vem da teoria na prática. Muitos conceitos são de grande potencial teórico, mas quando se leva para a prática faltam ferramentas e/ou informações que ajudem na operacionalização dessas práticas.

O uso de ferramentas como o Azure DevOps vem para tentar fechar esse *gap* entre a teoria e a prática. Contudo, como qualquer ferramenta, é necessário saber como utilizá-la e como mapear os conceitos teóricos e aplicá-los aos conceitos práticos suportados por ela.

O livro "Jornada Azure DevOps" foi escrito com o intuito de apoiar aqueles que desejam realizar essa transição do teórico para o prático, no que diz respeito à implantação de uma gestão ágil juntamente com a implantação de uma esteira DevOps em seus produtos. Sua estrutura e seu texto ajudam o leitor a aprender sobre a ferramenta ao mesmo tempo em que põe em prática conceitos de agilidade que estão revolucionando o trabalho dos *squads* de produto. Trata-se praticamente de um passo a passo em que os autores exemplificam os conceitos e as configurações a serem implementadas. Ainda que não se possa prever todos os contextos possíveis de aplicação do conhecimento aqui presente, os exemplos não são genéricos e servirão de inspiração para que você comece o mais breve possível essa transformação.

O esforço dos autores em reunir conhecimento técnico de alto valor agregado e coordenar uma iniciativa colaborativa para nos presentear com as lições aqui presentes merece todas as congratulações possíveis. Ao longo dessa e de outras jornadas pude observar a entrega de todos, em especial de Analia Irigoyen, com quem tenho uma relação profissional de mais de 15 anos, que acabou por se tornar também uma relação matrimonial por aproximadamente nove anos. Portanto, acompanhei de perto as diversas reuniões e discussões, muitas vezes varando noites, mas sempre com muito bom humor. Isso nos dá ainda mais certeza de que as jornadas ágeis buscam disseminar o trabalho leve e prazeroso, onde as pessoas enxergam algo além da recompensa financeira pelo trabalho, mas também um significado coletivo.

Boa leitura!

David Zanetti
Diretor Executivo – ProMove Soluções

Prefácio

Ajudar as pessoas de alguma forma é uma das melhores recompensas da vida, ainda mais quando temos certeza de que o conhecimento compartilhado irá impactar na vida e carreira de pessoas.

Este livro aborda um conhecimento que envolve diversas áreas da empresa, não só de TI, mas se aplica a praticamente todas, focando sempre na qualidade. Como mensurar a qualidade de um serviço, de um produto, de estudos, de um conjunto de situações onde não se pode falhar – por exemplo, cirurgias complexas, medicamentos controlados, etc.? Para isso, foram criadas e implementadas metodologias e ferramentas que buscam não menos que o máximo.

Quando fui convidado pela Analia para revisar o conteúdo e escrever o prefácio, vieram à tona minhas idas anuais à Microsoft em Redmond desde 2001, como MVP (*Most Valuable Professional*), a fim de ver nascer e crescer esses produtos citados no livro, desde o Visual Studio, .NET, TFS, Azure, entre outros, onde os *Program Managers* mostram aos MVPs o que têm feito, o que será lançado e o que achamos de tais funcionalidades. Isso não tem preço na vida; ter a oportunidade de participar desse processo nos faz pensar o quanto podemos disseminar e ajudar a quem precisa. Por criação, meus pais sempre falaram em ajudar o próximo sem esperar nada em troca, mas a vida se encarregou de mostrar o quão isso é importante.

Enfim, agradeço a todo o time que me convidou para esse trabalho. Tenho certeza de que plantar essa semente do conhecimento irá multiplicar as oportunidades de sucesso de todos.

Renato Haddad
Microsoft MVP

Prefácio

Apresentação

Assim como a ideia dos livros "Jornada Kanban na prática" e "Jornada Python", que surgiram na Jornada Summit em Joinville, o sonho da Jornada Azure DevOps também começou em um evento de lançamento dos nossos primeiros livros em 2019. Dessa vez, na PUC de São Paulo, recebi a sugestão do Marcelo Costa para iniciar este livro em um papo animado após o evento.

Fiquei empolgado com nossa conversa e decidimos mobilizar outras pessoas incríveis para iniciar mais um livro colaborativo. Como o time organizador tem um importante papel na escrita colaborativa, o próximo passo foi escolher pessoas dedicadas e comprometidas com a curadoria para garantir a qualidade de todo o conteúdo. Um dos grandes desafios das atividades que realizamos na Jornada Colaborativa é priorizar uma parte do nosso tempo para a escrita dos livros, e o líder do time organizador desempenha importante papel para mobilizar os coautores e orquestrar todas as ações necessárias para o sucesso do resultado final para nossos leitores, a nossa razão de ser.

A escolha da Analia como líder do time sempre me deixa super tranquilo, pois, além da mútua confiança, é uma pessoa altamente competente e comprometida com nosso processo de escrita colaborativa. O time organizador teve reforços importantes da Joana e do Ricardo, que são pessoas por quem tenho um carinho super especial com a interação em outras iniciativas da Jornada. Uma das grandes magias da Jornada é quando o próprio time indica novas pessoas para assumir grandes responsabilidades, e os feras Fabrício e Norberto fecharam o time organizador.

Além da curadoria de todo o conteúdo, outra atribuição importante do time organizador é a busca por coautores considerando pessoas que admiramos, vivência na aplicação prática e repertórios complementares, trazendo diversidade de pontos de vista e diferentes níveis de experiência para construir um conteúdo com grande riqueza para nossos leitores.

Tenho grande orgulho de ter plantado a semente da escalada dos livros e saber que posso seguir com minhas atribuições na mentoria de novos líderes e organizadores dos livros e eventos de lançamento, visando mobilizar mais pessoas apaixonadas para transformar mais vidas com a colaboração e a inteligência coletiva. Lembro-me que precisei participar de apenas duas reuniões com o time deste livro, com algumas orientações sobre o uso de figuras do produto e a gravação de episódios para o JornadaCast. As demais ações foram lideradas pela Analia e pelo Marcelo e parabenizo-os pelo excelente resultado.

Considerando que as empresas dependem cada vez mais de colaboração dos times para implantar continuamente software com qualidade, visando sobreviver e prosperar no mercado, temos muito orgulho do resultado incrível que essa galera construiu.

Estou convicto de que cada leitor será beneficiado em sua carreira com a aplicação desse conteúdo de alta qualidade que é indicado para profissionais comprometidos em entregar soluções para seus clientes e para a sociedade.

Antonio Muniz
Fundador da Jornada Colaborativa e JornadaCast

Sumário

PARTE II.
A GESTÃO NO AZURE DEVOPS

PARTE III.
REPOSITÓRIO

PARTE IV.
CI/CD

PARTE V.
ANÁLISE ESTATÍSTICA E TESTES

PARTE VI.
EXTENSÕES

PARTE VII.
CASE

Introdução – A Jornada do Azure DevOps: este livro é apenas o começo, vamos juntos?

A primeira etapa da "Jornada Azure DevOps" iniciou e finalizou no meio desta grande pandemia com consequências mundiais, e claro que algumas dessas consequências alcançaram nossas próprias famílias. E, mesmo assim, todos nós nos reinventamos e encontramos forças para finalizar este livro, ultrapassando os obstáculos e as desmotivações que nos perseguiram ao longo de todo o caminho. Nesse caminho, estes 19 generosos e maravilhosos profissionais separaram uma grande parte do seu tempo, que poderiam estar passando com suas famílias, para compartilhar o seu dia a dia com o Azure DevOps com você, leitor. Cada um dos autores contribuiu com dicas, dificuldades, lições aprendidas e sugestões de como implementar as práticas *DevOps* com um texto claro, fácil de ler e com exemplos práticos de uso. Também tivemos alguns bons bate-papos em forma de *podcast* sobre cultura e estratégia de *branching* que temos certeza de que você vai adorar.

A estrutura deste livro foi pensada e refeita algumas vezes com o objetivo de facilitar ao máximo a leitura do início ao fim. Mas também é possível ler apenas partes dessa jornada ou capítulos específicos. Entendemos que algumas pessoas poderão estar vivenciando momentos e dúvidas diferentes. Nos parágrafos a seguir explicamos cada uma dessas partes.

Na **Parte I** deste livro procuramos contextualizar a importância do *DevOps* e de uma ferramenta que apoie a automação dessa cultura, que corresponde a 50% de colaboração e 50% de automação. O Azure DevOps se sobressai, então, como uma das ferramentas que estão disponíveis no mercado para nos ajudar, não só na automação dos processos, mas também com *features* que potencializam a colaboração dentro e entre os times para entregas com cada vez mais valor ao nosso cliente final. Tem um *podcast* incrível com Willow, Fafá e Luann sobre como foi a experiência de implantar a cultura *DevOps* com a ferramenta Azure DevOps.

A **Parte II** desmistifica como realizar a gestão dos times com o Azure DevOps: tradicionais, ágeis ou híbridos. Acreditamos que o time pode decidir o tipo de gestão que mais se aplica ao contexto e ao conhecimento do time. No Azure DevOps, destacamos alguns dos *templates* mais utilizados (*Agile* e *Scrum*). O tradicional pode ser usado tranquilamente com o *Kanban*: pode acreditar!

A **Parte III** explora o repositório do Azure DevOps e suas principais características, um dos principais pilares dessa ferramenta. Também está disponível um incrível *podcast* sobre estratégia de *branches*, onde Willow, Dulcetti, Marina e Marcelo discutem os desafios do desenvolvimento baseado no *trunk* e por que é tão difícil tomar esse tipo de decisão em diversos contextos.

Integração, entrega e implantação contínua: a alma do *DevOps* foi retratada, explicada e detalhada na **Parte IV**, inclusive o exemplo com Docker e Kubernetes – os queridinhos do momento.

Na **Parte V** destrinchamos as fases importantes de um *pipeline*: análise estática com o exemplo do SonarQube e testes manuais e automatizados usando o Azure DevOps. E por que não descrever um pouco sobre Postman com Newman? Dá uma olhadinha que você vai gostar do conteúdo.

Na **Parte VI** escrevemos um pouco sobre extensões para que você consiga conhecer e saber integrar o Azure DevOps com as principais ferramentas do mercado.

Na **Parte VII**, o Felipe nos trouxe um *case* pessoal da jornada na empresa em que trabalha, onde destaca alguns pontos importantes para quem ainda não iniciou ou está no início da jornada: vale a pena.

Nós todos acreditamos que a Jornada Azure DevOps só está começando para esse time de profissionais apaixonados por compartilhar e trocar ideias. Além de todo o conhecimento exposto neste livro, tivemos a ideia de compartilhar um projeto no Azure DevOps que está público e será revisitado frequentemente para a inclusão de novos desafios (*pipelines* e *releases*), novas experiências e novas *features* do Azure DevOps.

Consideramos que esta versão de um livro físico é apenas o começo, pois você, leitor, poderá acompanhar a evolução dos nossos aprendizados pelo projeto no endereço <https://dev.azure.com/jornadaazuredevops/>. Quem sabe este livro não inspira outras pessoas que, como nós, gostam de compartilhar e aprender? Junte-se a nós! Venha que estamos esperando você.

Analia Irigoyen e Marcelo Nascimento Costa
Organizadores, curadores e autores do Livro "Jornada Azure DevOps"

PARTE I.
POR QUE *DEVOPS*?

A primeira parte deste livro detalha a importância da cultura *DevOps* na implantação da ferramenta Azure DevOps. A implantação de uma ferramenta depende de pessoas e processos, além da disseminação de uma cultura de qualidade, colaboração e transparência: pilares do *DevOps*. Ainda nesta parte, apresentamos um histórico da ferramenta e o contexto em que esta se insere como apoio para a implantação da cultura *DevOps*.

1. A cultura *DevOps*

Alexandro Ramos Alves
Joana Carrasco
Analia Irigoyen
Fabrício Gama

Introdução

Nos últimos anos o valor agregado de garantir a qualidade do produto ao longo do ciclo de vida do projeto (as famosas atividades de remoção de defeitos) é primordial para o alcance da qualidade e a redução de desperdícios necessária para entregar nossas *features* ou *releases* no tempo adequado ao negócio.

Muitas organizações pensam que a qualidade tem custo alto e bloqueiam a entrega para o cliente. Esses discursos podem ser rebatidos de diversas formas, mas os principais são: "o custo do retrabalho é muito maior do que fazer certo de primeira"; "a qualidade e as revisões de código evitam que erros ocorram lá na frente, que o custo de remoção de defeito é sempre muito maior"....

Cada vez mais as tarefas repetitivas serão feitas por serviços inteligentes, e as empresas terão em seu quadro de funcionários os decisores e os especialistas em algoritmos.

Só sobreviverão as empresas que souberem escolher tecnologias, abordagens e processos que absorvam as constantes mudanças onde a informação parece se transformar a cada segundo e onde um erro pode levar a negócios e milhões perdidos.

Como então conseguimos alta qualidade em um prazo competitivo? O triângulo de prazo, escopo e qualidade tão conhecido por todos parece fazer cada vez mais sentido nos dias atuais. Temos que reduzir o prazo e não abrir mão da qualidade. O que nos sobra é priorizar o escopo, cuidar das pessoas e automatizar o máximo possível, com o apoio de ferramentas especialistas, as tarefas repetitivas e/ou essenciais para aumentar a qualidade do produto.

Esses três pilares (pessoas, ferramentas e cultura) estão no *DevOps*: deriva da junção das palavras "desenvolvimento" e "operações" como sendo uma prática de engenharia de software que possui o intuito de unificar o desenvolvimento de software e a operação de software, através da transparência e colaboração entre pessoas.

Overview de *DevOps*

O objetivo do *DevOps*, conforme Figura 1.1, é tornar os processos mais simples, integrar desenvolvedores e profissionais de infraestrutura, unir as equipes e aumentar as entregas aos clientes, agregando velocidade e qualidade a elas.

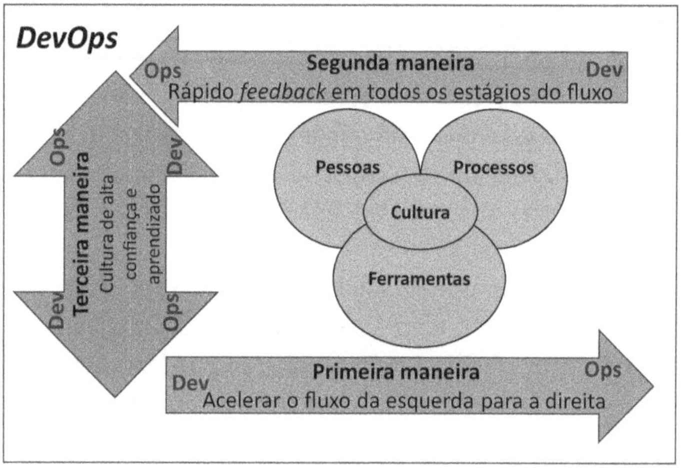

Figura 1.1. *Overview* do *DevOps*.
Fonte: os autores.

A harmonização das duas equipes e um conglomerado de ferramentas e tecnologias permitem às equipes criarem uma cultura de colaboração para fugir dos desperdícios e impedimentos automatizando processos repetitivos.

O termo *DevOps* vem da junção das palavras em inglês *development* e *operations*, que significam "desenvolvimento" e "operações", respectivamente. É uma prática de construção de software que busca, portanto, unir essas duas áreas, automatizando os processos operacionais em todas as fases da engenharia do software.

Conforme Pressman (2011), a qualquer processo de software pode ser aplicada a agilidade, com o processo projetado de forma que a equipe do projeto possa adaptar tarefas e melhorar, guiar o planejamento e reduzir tudo com exceção do trabalho mais essencial, mantendo a simplicidade e enfatizando a estratégia da entrega incremental.

O desafio de implementar *DevOps* não é somente selecionar uma tecnologia, mas motivar o setor de tecnologia a se reinventar em termos de mudança cultural e mudar o *mindset*[1] das equipes envolvidas com respostas claras e comprometimento de todos com as mudanças.

A fim de ajudar na implantação do *DevOps*, existe o princípio das três maneiras. Vamos falar superficialmente delas apenas para embasamento do que está por vir adiante neste livro. Para obter mais detalhes sobre o assunto, sugerimos fortemente a leitura do livro "Jornada DevOps" (MUNIZ et al, 2019), onde cada maneira deste princípio é abordada profundamente.

DevOps – Primeira maneira

A primeira maneira tem como objetivo acelerar o fluxo do desenvolvimento (esquerda) para operações e clientes (direita), como mostra a Figura 1.2 a seguir.

Figura 1.2. Primeira maneira.
Fonte: adaptado de Muniz et al (2019).

Aqui o objetivo está na entrega rápida de valor para o cliente, levando em consideração toda a organização e não departamentos apartados, desde a concepção até o valor a ser entregue ao cliente. E como alcançar esse objetivo? Através de *feedback* rápido. O quanto antes tivermos um *feedback*, seja negativo ou positivo, melhor! Aqui listamos alguns princípios e práticas que ajudam a alcançar esse objetivo:

- ✓ **Limitar o trabalho em execução (WIP – *Work In Progress*).** Com essa prática, é possível focar no que realmente importa, garantindo assim mais qualidade, pois o time está mais focado em uma única tarefa/projeto.

---

1 Segundo Dweck (2017), *mindset* é uma palavra inglesa que significa "pensamento", "atitude mental", "moldes mentais".

✓ **Tornar o trabalho visível.** Através da gestão visual é possível conseguir o aumento do fluxo de trabalho.
✓ **Automatização de processos manuais repetitivos.** Com tarefas automatizadas, que antes eram manuais, é possível liberar as pessoas envolvidas para atuarem onde tem mais valor para o cliente. Vale automatizar tudo o que for possível, sejam testes, *deploys*, criação de ambientes ou máquinas virtuais.
✓ **Identificar e remover desperdícios, sejam eles em código, infra ou processos.** Muitas vezes temos em nosso fluxo de trabalho passos desnecessários, que se identificados e removidos podem agilizar ainda mais o fluxo de trabalho.
✓ **Qualidade desde o início do fluxo de trabalho a fim de evitar erros.** Com as pessoas orientadas para o que realmente importa para o cliente, é possível focar em qualidade, evitando que erros cheguem até o fim da esteira e gerem gargalos e atrasos.
✓ **Reduzir o trabalho em grandes lotes.** Realizar entregas contínuas de pequenos lotes de trabalho, tornando a entrega contínua parte do processo, é melhor que grandes entregas envolvendo grande quantidade de trabalho e pessoas.

DevOps – Segunda maneira

Como mostrado na Figura 1.3 a seguir, a segunda maneira tem como objetivo o rápido *feedback* em todos os estágios do fluxo de um produto. Quanto mais rápido o *feedback*, mais rápido sabemos se acertamos e erramos e mais rápido ainda podemos ajustar problemas e erros. O conhecimento e o aprendizado de segurança, desenvolvimento, operação e qualidade encontrados por telemetria, experiência do cliente e criação de ambiente de forma automatizada e rápida serão insumos fundamentais para que o fluxo seja cada vez mais contínuo e automatizado.

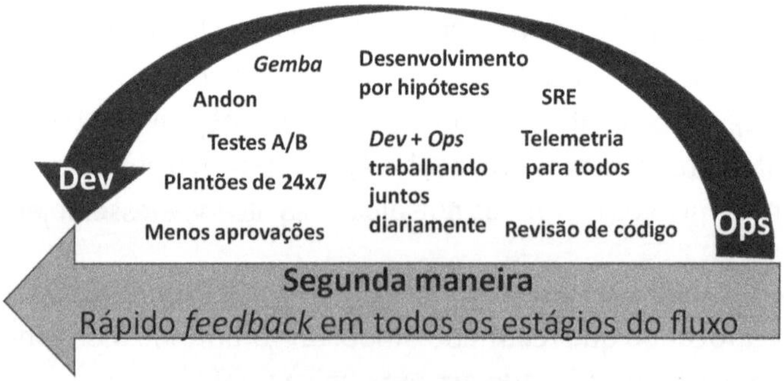

Figura 1.3. Segunda maneira.
Fonte: adaptado de Muniz et al (2019).

Aqui listamos e detalhamos um pouco mais alguns princípios e práticas que ajudam a alcançar esse objetivo:

- ✓ **Telemetria.** A telemetria apoia principalmente a análise do risco de liberação de versões com o *feedback* de eventos, métricas e registros em toda a cadeia do fluxo. É um monitoramento proativo onde são detectadas vulnerabilidades em diversos ambientes como *feedback* para o desenvolvimento. É importante que tenhamos o conceito telemetria *self-service*, ou seja, indicadores disponíveis para todos os envolvidos no fluxo, democratizando esse *feedback*. O *framework* de monitoramento possui métricas de diversos tipos: aplicativo, atividades de negócio e sistema operacional.
- ✓ **Visão clara do fluxo e o trabalho diário de desenvolvedores e operação.** Juntos, todos são responsáveis pela melhoria contínua e condução proativa de verificações.
- ✓ ***Gemba.*** Visitar onde realmente as coisas acontecem e ver de fato o que está acontecendo para propor melhorias e/ou ajustes. Por exemplo: se o problema é na utilização do aplicativo do cliente, gere empatia e vá até o cliente para entender qual é a dificuldade real.
- ✓ **Corda de Andon.** Sempre que um problema é detectado ao longo do fluxo, todos se juntam para resolver o problema.
- ✓ ***Releases* de baixo risco.** É importante que o time planeje a *release*, ou a implantação de um pacote, e defina junto com a operação formas de reversão do *deploy* em caso de algum problema detectado. Alguns exemplos de reversão são: ***release* canário** (implantar a versão anterior) ou **alternância de recursos/*feature toggle*** (incluir na aplicação uma função de ligar/desligar a funcionalidade sem precisar voltar a versão anterior à implantação). Em caso de maturidade em testes automatizados com alta cobertura, é possível seguir com o ***fix forward***, consertar o código imediatamente e implantar seguindo as regras da *pipeline* para entrega contínua.
- ✓ **Plantão 24x7 compartilhado.** Mesmo que tenhamos uma boa cobertura de testes automatizados, isso não garante zero erro em produção. Mesmo que vejamos somente a sustentação envolvida quando acontece a implantação em produção, é importante que todos os participantes do fluxo de valor compartilhem as responsabilidades para resolver os incidentes em produção. Essa prática gera empatia e aprendizado.
- ✓ **Listas de revisão de segurança (SRE Google).** Uma prática bastante popular e implementada pela Google é o papel do SRE e o seu *checklist* de revisão de segurança (LRR – *Launch Readiness Review* – e o HRR – *Handoff Readiness Review*), onde se avalia a prontidão de um software que foi implantado em produção para ser direcionado à equipe de sustentação/manutenção (possui referências).

- ✓ **Testes A/B.** Os testes A/B podem ser aplicados através de formulários, pesquisas, entrevistas ou qualquer outro meio que permita coletar os dados de *feedback* do cliente sobre uma funcionalidade ou futura funcionalidade de um aplicativo. O teste A/B é bastante útil quando desejamos experimentar novos recursos e tomar decisões com base em fatos e dados.
- ✓ **Desenvolvimento por hipóteses.** O uso de hipóteses é bastante importante para confirmar se novas funcionalidades serão realmente adotadas pelos clientes.
- ✓ **Revisão de código.** Uma das formas mais comuns de revisão de código é o *pull request*, onde o desenvolvedor solicita revisão de forma colaborativa após concluir mudança no código. Esse processo é muito usado nas ferramentas de *DevOps* como Azure DevOps, GitLab, GitHub, entre outras.

DevOps – Terceira maneira

Como mostrado na Figura 1.4 a seguir, a terceira maneira tem como objetivo principal criar uma cultura de confiança para que seja possível errar e aprender com os erros. É importante correr riscos para potencializar um aprendizado contínuo. A terceira maneira é fundamental para que a cultura *DevOps* esteja presente e sempre acesa nos times. Sem ela, cultura, automação e colaboração vão se enfraquecendo ao longo do tempo. Utilizando o *LeSS* temos o *Scrum* aplicado para vários times trabalhando juntos em um projeto e, como bem colocado por Craig Larman e Bas Vodde (2008), utilizando a melhoria contínua até a perfeição. Como a perfeição não existe, a melhoria contínua sempre é necessária.

Figura 1.4. Terceira maneira.
Fonte: adaptado de Muniz et al (2019).

Aqui listamos e detalhamos um pouco mais alguns princípios e práticas que ajudam alcançar esse objetivo:

- ✓ **Aprendizado com falhas.** O foco é desenvolver aprendizado contínuo nas equipes e evitar a cultura da culpa e punição. A Netflix (MUNIZ et al, 2019) criou um processo de injeção de falhas chamado *Chaos Monkey* que aumenta a resiliência.
- ✓ **Cultura justa.** Existem algumas importantes dicas para promover uma cultura justa: nunca nomear ou envergonhar quem é o culpado pela falha; incentivar quem compartilha problemas do sistema; criar confiança para que a equipe aprenda com problemas e lições aprendidas sem culpa; e injeção controlada de falhas em produção.
- ✓ **Reunião *post-mortem*.** Após a solução dos incidentes, o objetivo é entender e divulgar: ações que deram certo; ações que podem ser aprimoradas; erros e medidas para evitar recorrência. É muito importante publicar e divulgar o resultado da reunião.
- ✓ **Dias de jogos.** Esse conceito vem da engenharia da resiliência, cujo objetivo é criar exercícios programados para aumentar a resiliência através da injeção de falhas de grande escala em sistemas críticos.
- ✓ **Divulgar e compartilhar aprendizados (descobertas) entre os times.** Empresas de alto desempenho obtêm os mesmos resultados (ou melhores) refinando as operações diárias, introduzindo tensão continuamente para aumentar o desempenho e assim gerando mais resiliência nos seus sistemas.

CALMS

O termo CALMS (KIM et al, "The DevOps Handbook", 2016) é baseado nas seguintes palavras **Colaboração, Automação, *Lean*, Medição e Compartilhamento** e é frequentemente usado para realização de uma análise da organização e em paralelo sua utilização em diversas aplicações. A estrutura do CALMS abrange todas as partes interessadas no *DevOps*, incluindo negócios, operações, qualidade, segurança, equipes de desenvolvimento e coletivamente fazem a entrega, implantação e integração dos processos automatizados que fazem sentido para os clientes.

Segundo o livro "Jornada DevOps" (MUNIZ et al, 2019), o acrônimo CALMS é muito conhecido por representar a cultura *DevOps* e foi criado em 2010 como CAMS por John Willis e Damon Edwards. Posteriormente, esse termo foi aperfeiçoado por Jez Humble, com a inclusão do L para destacar a importância do *Lean* para melhoria contínua e processos enxutos.

Como será que devemos aplicar CALMS nas organizações? Existem algumas maneiras nas quais o CALMS pode ser aplicado ao *DevOps* para empresas, pensando na melhora ou na mudança estrutural visando a melhoria de práticas *DevOps* ou até mesmo sua implantação.

Mais especificamente, o acrônimo CALMS significa:

- ✓ **Cultura** – Integrando as equipes, melhorando a comunicação e relacionamento. Sem segregação.
- ✓ **Automação** – Automatização de processos manuais.
- ✓ ***Lean*** – Produção em lotes pequenos com grande valor para o cliente.
- ✓ **Medição** – Monitoramento, melhoria e telemetria para análise do andamento dos processos.
- ✓ ***Sharing*** – Boa comunicação, *feedback* e relacionamento entre a equipe e o cliente.

Case 1: JornadaCast – Implantando *DevOps* em uma *startup*

Autores: Fabrício Gama e Luann Francisco
Edição do podcast: Bruno Jardim

Nome da empresa ou setor	*Startup* do ramo da telefonia
Descrição do problema ou oportunidade	Implantação do Azure DevOps, cultura de agilidade e *DevSecOps*
Ações realizadas	Criação de papéis específicos, tais como: *Agile Master*, Arquiteto, Líder Técnico, Analistas da Qualidade e Operação
Principais resultados e aprendizados	Papéis bem definidos, trabalhar juntos no *squad* com equipe multidisciplinar com diversas especialidades. *Agile Master* como facilitador garantindo que as cerimônias aconteçam e que a cultura da qualidade seja contínua. *Agile Master*, Arquitetos, Analistas da Qualidade e especialistas em segurança e automação trabalhando juntos na automação do Azure DevOps: política de *commit* e *pull request*, *checklists* de riscos, utilização do Docker, *pipeline* de entrega contínua, SONAR e testes automatizados.
LinkedIn dos responsáveis pelo *case*	<https://www.linkedin.com/in/fabriciogama/> <https://www.linkedin.com/in/luannfrancisco/>

Procure no Spotify pelo *podcast* # 67 JornadaCast ou acesse:

<https://open.spotify.com/episode/7sD3DPMbVoOWCnHDXLqBZT?si=HHwTntpRQQG26WMcS3-GaQ&nd=1>

Case 2: JornadaCast – Implantando *DevOps* em uma consultoria de médio porte

Autores: Willow Cavalheiro Chung e Joana Carrasco
Edição do podcast: Bruno Jardim

Nome da empresa ou setor	Consultoria de médio porte com foco em engenharia, automação e desenvolvimento
Descrição do problema ou oportunidade	Implantação do Azure DevOps e cultura de qualidade corporativa objetivando *DevOps*
Ações realizadas	Criação de dois *squads*: um com o objetivo de disseminar a cultura e processos, chamado de qualidade, e outro com o objetivo de desenvolver uma aplicação corporativa para gestão padronizada.
Resultados e aprendizados	O *squad* de desenvolvimento utiliza os processos definidos pelo *squad* de qualidade experimentando e dando um *feedback* contínuo para melhorar a qualidade dos processos organizacionais. Práticas *Scrum* e cerimônias trazendo transparência. A importância da disseminação da cultura e da qualidade através de *webinars* discutindo práticas internas e externas (outras empresas). Próximos passos: implantação do SONAR utilizando Docker ou VM.
LinkedIn dos responsáveis pelo *case*	<https://www.linkedin.com/in/willowchung/> <https://www.linkedin.com/in/joanacarrasco>

Procure no Spotify pelo *podcast* # 68 JornadaCast ou acesse:

<https://open.spotify.com/episode/3pThcMlk6KlzMgio77hI8F?si=u3mLM-E4RX-BtLrDMSj67A&nd=1>

2. Por que Azure DevOps?

Marcelo Nascimento Costa
Analia Irigoyen

Introdução

A área de engenharia de software tem buscado, nas últimas décadas, ferramentas que apoiem e acelerem a tarefa de desenvolvimento de software. Um ponto importante a ser considerado é que, no cenário atual, o software está cada vez mais complexo e altamente integrado. Softwares comumente se integram com diversas outras plataformas internas e externas de software. Para lidar com essa complexidade, torna-se obrigatória a utilização de ferramentas de automação e de apoio ao ganho da produtividade no planejamento, na construção e na implantação do software.

Segundo blog do Gartner (MURPHY, 2015), as ferramentas de suporte ao desenvolvimento de software vêm acompanhando essa evolução, inclusive sofrendo alterações em suas estratégias de serem *standalone* para integradas, inclusive entre fabricantes diferentes. Assim, também se refletiu na alteração da nomenclatura. As primeiras classificações das ferramentas de apoio foram:

- ✓ **ADLM (*Application Development Lifecycle Management*)** – Abordam apenas as fases de desenvolvimento de um projeto de uma aplicação de software.
- ✓ **ALM (*Application Lifecycle Management*)** – Abordam todo o ciclo de desenvolvimento de software, desde o planejamento, passando pelo desenvolvimento e indo até a implantação do software. O conjunto de ferramentas ALM foi subclassificado em: *ALM hosted,* quando instalado nos servidores do *datacenter* do cliente; e *ALM Cloud,* quando instalado em alguma nuvem do fabricante (SHANHOLTZER, 2012).

Em 2017 (LITTLE; HERSCHMANN, 2017), a partir da consolidação das práticas de *DevOps* no mercado corporativo, o Gartner reconsiderou, novamente, a classificação, chegando à conclusão de que apenas uma ferramenta isolada não é suficiente para incorporar todas as práticas do *DevOps*. Assim, chegou-se a uma extensão da classificação de ALM:

✓ ***DevOps Toolchain*** – Para engenharia de software, um *toolchain* é um conjunto de ferramentas encadeadas cujo resultado se torna entrada para a execução de outra ferramenta. Pela definição, não existe estritamente a necessidade dessa execução sequencial. Como nenhuma ferramenta consegue encadear todas as práticas, deve ser considerado em qual(is) fase(s) do *DevOps* é abordado por determinada ferramenta.

O Gartner ainda cunhou mais um termo para enfatizar a importância das práticas ágeis:

✓ ***Enterprise Agile Planning Tools*** – Expande o conceito anterior de ADLM para implementar a filosofia de práticas ágeis em uma escala corporativa e não ficar restrito apenas ao nível de equipe. As ferramentas de planejamento ágil são consideradas uma parte das práticas de *DevOps* e, portanto, fazem parte do *DevOps toolchain*.

Em 2019, foi feita uma atualização das ferramentas categorizadas de acordo com as práticas do *DevOps*. Segue na figura a seguir:

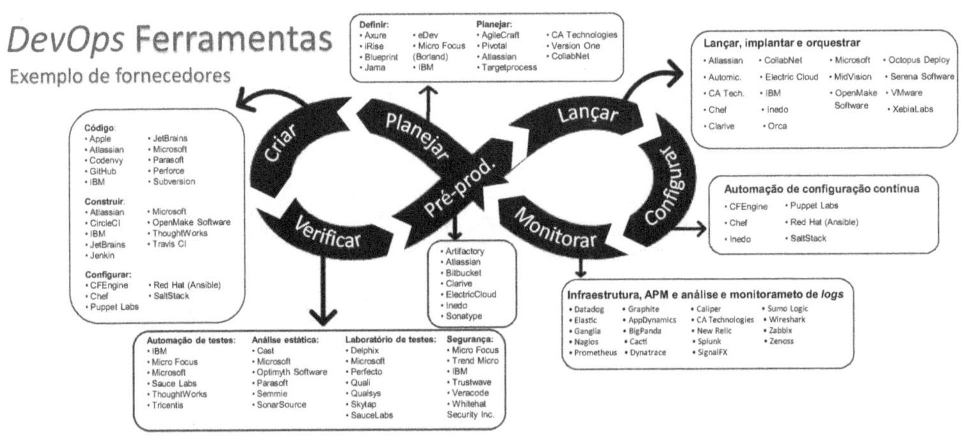

Figura 2.1. *DevOps toolchain*.
Fonte: adaptado de Little (2019).

Resumidamente, as práticas de *DevOps toolchain* possuem o seguinte contexto dentro da cultura *DevOps*:

✓ **Planejar (*Plan*)** – Definição, planejamento e monitoramento de tarefas com uma visão ágil do processo.

✓ **Criar (*Create*)** – Armazenamento de repositórios de código, integração contínua e configuração de máquinas.

- ✓ **Verificar (*Verify*)** – Automação de testes, análise estática de código, ambientes virtuais de testes e práticas de *DevSecOps*.
- ✓ **Pré-prod. (*Preprod*)** – Orquestração de ambientes de produção.
- ✓ **Lançar (*Release*)** – Criação de *pipelines* de *release*, implantação e orquestração das *releases*.
- ✓ **Configurar (*Configure*)** – Configuração automática de infraestrutura (*infrastructure as code*).
- ✓ **Monitorar (*Monitor*)** – Monitoramento das aplicações englobando infraestrutura, gerenciamento e análise de APIs e gerenciamento de *logs*.

O que é o produto?

O Azure DevOps é um produto desenvolvido pela Microsoft para ser uma ferramenta que atenda a todo o ciclo de vida de desenvolvimento, desde o planejamento ágil das demandas, o desenvolvimento do software até a implantação automática. Possui integração com diversas ferramentas do mercado através de *plug-ins* existentes no *marketplace* do Azure DevOps. Alguns *plug-ins* são desenvolvidos pela Microsoft e outros são fornecidos por terceiros, como o *plug-in* de implantação de artefatos de software gerados pelo Azure DevOps e publicados na nuvem AWS. Essa integração foi desenvolvida pela AWS e disponibilizada no *marketplace* do Azure DevOps (MICROSOFT, 2020).

Em linhas gerais, o produto inclui como principais características:

- ✓ Ferramentas ágeis cobrindo metodologias de projetos como *Scrum* e *Kanban*.
- ✓ Gestão e controle de tarefas.
- ✓ Repositórios Git/TFVC para controle de código-fonte.
- ✓ *Pipelines* de *build/release* para integração contínua/implantação contínua.
- ✓ Arquitetura de agentes distribuídos para *build* e implantação do código.
- ✓ Tarefas para implantação de qualquer tipo de plataforma de software.
- ✓ *Dashboards* customizáveis.
- ✓ Módulo *analytics* para a criação de diversas visões dos dados, integrados à ferramenta de BI da Microsoft.

Inicialmente, o Azure DevOps era considerado uma ferramenta de ALM, mas passou e continua a passar por constante evolução. Portanto, analisando a classificação da seção anterior, o Azure DevOps pode ser categorizado como uma ferramenta de **planejamento ágil corporativo** e que, por sua vez, executa diversas atividades da *DevOps toolchain*. Analisando a Figura 2.1 sob o prisma das funções suportadas pelo Azure DevOps, podemos enquadrá-lo nas seguintes etapas da *DevOps toolchain* (Tabela 2.1):

Tabela 2.1. Azure DevOps e etapas da *DevOps toolchain*.
Fonte: adaptado de Little (2019).

Create	*Plan*	*Release, Deploy & Coordination*	*Verify*
• *Code*: repositório de código Git • *Build*: realiza o *Continuous Integration*	• *Define*: definição de itens de trabalho • *Plan*: definição de *boards* e *Sprints*	• Criação de *releases* de implantação • *Deploy* de novas funcionalidades • Orquestração das *releases*	• Gestão de casos de testes manuais

Histórico

A primeira versão do Azure DevOps foi lançada em 2005, primeiramente com o nome de Visual Studio Team System, conforme a Figura 2.2. Em 2010, o nome da ferramenta foi modificado para Team Foundation Server. Todas as versões lançadas até o ano de 2012 eram *on-premises*. Até que, nesse ano, houve uma bifurcação na estratégia de mercado da Microsoft e, paralelamente às versões *on-premises*, começaram a ser lançadas versões *cloud*. Houve diversos nomes para as versões *cloud*, como Team Foundation Server Preview, Visual Studio Online e, atualmente, Azure DevOps Services.

A versão *on-premises* foi denominada Team Foundation Server até o ano de 2018 e depois rebatizada para Azure DevOps Server. Essa alteração trouxe como característica principal a unificação da interface gráfica da versão *on-premises* com a versão *cloud* (Azure DevOps Services).

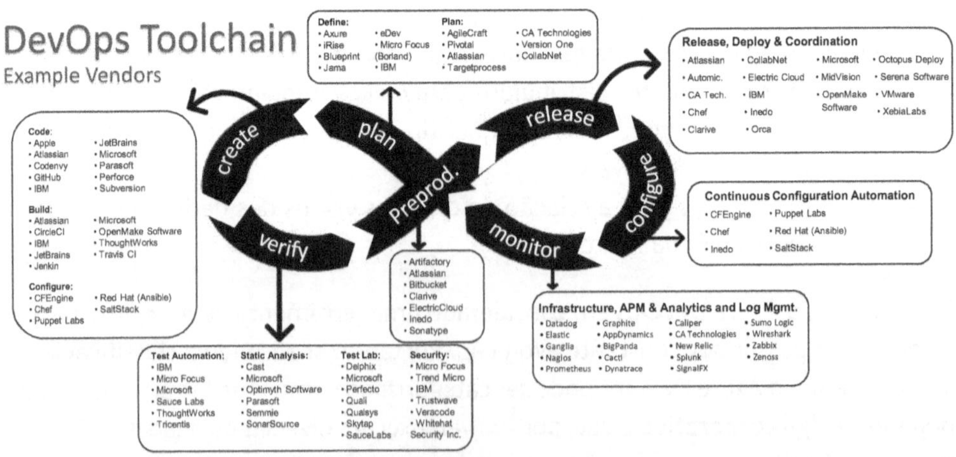

Figura 2.2. Histórico de versões Azure DevOps Server e Azure DevOps Services.
Fonte: adaptado de Microsoft (2020).

Conforme a Figura 2.2, as duas versões são lançadas em paralelo, porém as *features* são lançadas primeiramente para a versão *cloud*, depois para a versão *on-premises*. Na versão *cloud*, são lançadas novas *features* aproximadamente a cada quinzena, seguindo o *timebox* das *Sprints* de desenvolvimento da Microsoft (MICROSOFT, 2020). Já a versão *on-premises* acumula diversas *features* e é lançada anualmente ou bianualmente, salvo em alguns casos, a cargo da Microsoft, em que algumas *features* acabam sendo lançadas juntamente com *releases* de correções de *bugs*.

Aceleração do software de qualidade

Desde as primeiras versões, o Azure DevOps sempre teve o objetivo de ser um único ambiente para integrar todo o desenvolvimento do software desde o planejamento até a entrega. Algumas das características que propiciam uma aceleração das entregas focando em qualidade utilizando o Azure DevOps são:

- ✓ Planejamento e controle de tarefas utilizando *boards*.
- ✓ Geração de relatórios e métricas através de integração com ferramentas de BI.
- ✓ Integração com ferramentas de análise de código, como SonarQube.
- ✓ Armazenamento de repositórios de artefatos de código.
- ✓ Planejamento e execução de testes manuais e automatizados.

Posicionamento de mercado

O Azure DevOps se posiciona no mercado como uma ferramenta para ser uma solução única para o desenvolvimento de uma aplicação – incluindo práticas DevOps – e acaba enfrentando uma ampla gama de ferramentas concorrentes. Para cada fase definida no *DevOps toolchain*, existem diversos concorrentes diretos que atuam em nichos mais específicos, conforme a Tabela 2.2 a seguir.

Tabela 2.2. DevOps *toolchain*.
Fonte: adaptado de Little (2019).

Create	*Plan*	*Release, Deploy & Coordination*	*Verify*
• Circle-CI • GitLabs	• Jira • Trello	• Octopus • Circle-CI • Trevis • Team City • Jenkins • Hudson	• TestCollab • Jira • QA Coverage

3. Azure DevOps como impulsionador da cultura *DevOps*

Marcelo Nascimento Costa
Analia Irigoyen

Introdução

A cultura *DevOps* envolve algumas características intrínsecas como entregas mais rápidas das aplicações para a obtenção de *feedback* imediato do cliente e, também, o envolvimento das atividades das operações nas responsabilidades dos times. Os times trabalham com equipes menores para entregas em ciclos curtos, focando em entregas com valor para o cliente e visando sempre a eliminação de desperdícios e impedimentos no processo. Uma organização com um grau de maturidade elevado em *DevOps* deve trabalhar com a seguinte visão (MICROSOFT, 2020):

1. **Orientado a métricas do valor das entregas** – Conhecimento do valor de negócio de cada entrega de software para o cliente.
2. **Encurtamento dos ciclos de entregas** – Utilização de automação de processos, como *pipelines* e telemetrias, entregando o software mais rápido.
3. ***Feedback* rápido** – Quanto mais curto o ciclo de desenvolvimento, mais rápido se obtém o *feedback* do usuário e pode-se evoluir o software nos próximos ciclos mais orientados à necessidade do usuário.

Para obter essa visão da cultura *DevOps*, existem algumas práticas que necessitam ser utilizadas, principalmente relacionadas aos itens 1 e 2 citados (MICROSOFT, 2020):

- ✓ **Independência e organização dos times** – Times que conseguem executar tarefas em uma *Sprint* e *boards* separados para garantir a sua independência.
- ✓ **Integração Contínua** – Envolve a compilação para que se mantenha o código sempre estável e válido, de forma que se tenha um rápido *feedback* a cada mudança de código realizada no repositório.
- ✓ **Implantação Contínua** – Envolve a entrega de soluções de software para ambientes de testes e produção para a resolução de *bugs* e entrega mais rápida das mudanças de software de forma a atender às necessidades de negócio.

- ✓ **Gerenciamento de configuração distribuído** – Permite o desenvolvimento isolado por equipes distribuídas sem interdependências, de forma que as equipes possam trabalhar e integrar o software do jeito mais transparente possível. O Git é a ferramenta padrão para o suporte à implementação do gerenciamento de configuração distribuída.
- ✓ **Planejamento e gerenciamento de software ágil** – São utilizados para planejar e isolar o trabalho em *Sprints* com *timebox* definidas considerando o gerenciamento da capacidade do time. Devem ser também controlados diariamente a velocidade de entrega e o consumo do *backlog* de tarefas da *Sprint* pela equipe de desenvolvimento.
- ✓ **Desenvolvimento orientado a testes** – Conhecido como TDD, permite a avaliação automática da qualidade do código a cada compilação. Permite verificar se o código não "quebrou" a cada *feature* e/ou *bug* implementado.
- ✓ **Teste funcional automatizado** – Permite avaliação através de cenários de testes da implementação das regras de negócio da aplicação e da capacidade de suportar a carga de usuários com um desempenho adequado às necessidades do negócio.
- ✓ **Monitoramento e *logging* de aplicações** – São utilizados para análise do comportamento das aplicações e níveis de utilização da aplicação.
- ✓ **Segurança da aplicação** – Garantia de que as regras de segurança foram respeitadas na implementação da aplicação.
- ✓ **Revisão de código** – Garantia de que o código é revisto por um ou mais pares ou desenvolvedores experientes como uma ferramenta para garantia da qualidade do código a ser implantado.
- ✓ **Métricas de software** – Análise das métricas do projeto em todos os níveis, como *bugs*, quantidade de cenários de testes, *bugs* por testes, tempo para execução de testes, número de *builds/releases*, entre outros.
- ✓ **Integração com outras ferramentas da DevOps *toolchain*** – Capacidade de se integrar via chamadas de API ou nativamente para outras ferramentas que fazem parte da *DevOps toolchain*.

Azure DevOps e as práticas da cultura

A Microsoft apresenta o Azure DevOps como uma ferramenta para abranger a maior parte da *DevOps toolchain*, pois a própria evolução das versões da ferramenta indica essa meta da Microsoft. Por exemplo, a incorporação e extensão de mais funcionalidades para o planejamento e acompanhamento ágil dos projetos, forte integração com ferramentas de *Business Intelligence* (BI) para extração de métricas e criação de repositórios de artefatos de componentes para reúso durante a construção das aplicações.

Dessa forma, é importante fazer uma avaliação das principais práticas da cultura *DevOps* relacionadas à implantação na prática do Azure DevOps. Afinal, conforme pregado por diversos autores, a cultura *DevOps* não é apenas a implantação de uma ou mais ferramentas; a disseminação da cultura *DevOps* é bem mais complexa sem o apoio ferramental. Na Tabela 3.1 é feita essa avaliação considerando os seguintes graus de implantação:

- ✓ **Total (T)** – A prática da cultura *DevOps* é implementada totalmente.
- ✓ **Parcial (P)** – Apenas parte da prática da cultura *DevOps* é implantada. Necessita de ferramentas complementares.
- ✓ **Não implantado (NI)** – Não existe qualquer suporte para essa prática no Azure DevOps.

Tabela 3.1. Avaliação da implantação das práticas *DevOps* no Azure DevOps. Fonte: os autores.

Prática	Como é implantado no Azure DevOps?	Grau de Implantação (T/P/NI)
Independência e organização dos times	Possui o conceito de *teams*, que permite a separação de integrantes e *boards* para uma mesma *Sprint*.	T
Integração Contínua	Possui o *build* automático implementado como um pilar da ferramenta.	T
Gerenciamento de configuração distribuída	Possui o Git como o repositório *default* de código. Permite diversos comandos básicos na própria interface gráfica.	T
Planejamento e gerenciamento de software ágil	Possui todos os conceitos básicos do *Scrum* implementado, como *Sprint*, *boards*, times, *dashboards*, *backlog*, entre outros.	T
Desenvolvimento orientado a testes	Possui tarefas de execução de testes unitários para as tecnologias mais comuns.	T
Teste funcional automatizado	Possui tarefas para execução de testes automatizados de ferramentas de terceiros. Apoia a execução de testes de carga e exploratórios.	P
Monitoramento e *logging* de aplicações	Não faz parte do escopo da ferramenta.	NI
Segurança da aplicação	Realiza algumas práticas de ocultamento de senhas, mas ainda não faz parte do escopo da aplicação.	NI

Prática	Como é implantado no Azure DevOps?	Grau de Implantação (T/P/NI)
Revisão de código	Implementa através da configuração das políticas de *pull requests*.	T
Métricas de software	Possui diversas métricas de testes e tarefas que podem ser obtidas diretamente. Algumas podem ser feitas através da integração com ferramentas de BI.	P
Integração com outras ferramentas da *DevOps toolchain*	Possui integração através chamadas de API ou extensões existentes no *marketplace* da Microsoft.	T

É importante ressaltar que a avaliação do grau de implantação é feita com base na experiência com as práticas da cultura *DevOps* e na ferramenta Azure DevOps desde as primeiras versões até a versão atual *on-premises* e *cloud*. Por essa avaliação das funcionalidades do Azure DevOps x práticas da cultura *DevOps*, verifica-se que a implantação e a utilização das suas funcionalidades fomentam bastante o *DevOps* na organização.

4. Papéis envolvidos na utilização do Azure DevOps

Fabrício Gama
Ricardo Almandos Irigoyen
Marcelo Nascimento Costa

A adoção da cultura *DevOps*, independentemente do ferramental, como mencionado no capítulo anterior, é um movimento que deve ser adotado não somente por um time, mas por toda a companhia (ou boa parte dela). É fundamental o envolvimento de diversas áreas e departamentos, como infraestrutura, redes, banco de dados, desenvolvimento, etc.

O Azure DevOps possui alguns tipos de permissões e papéis que podemos atribuir às pessoas de acordo com suas responsabilidades dentro da empresa. Basicamente, temos três perfis de usuário:

- ✓ ***Stakeholder*** – Perfil com acesso parcial.
- ✓ ***Basic*** – Perfil com acesso à maioria das funcionalidades.
- ✓ ***Basic + Test Plans*** – Perfil com acesso às mesmas funcionalidades do *Basic*, porém incluindo também o Azure Test Plan.

Obs.: é possível também atribuir uma assinatura Visual Studio como perfil de acesso. Dependendo da assinatura, um perfil é atribuído. E mesmo que seja atribuído um perfil citado, ao realizar o primeiro *login*, automaticamente ajustes são realizados de acordo com a assinatura associada àquele *login*. Para a licença Visual Studio Professional, o acesso será igual ao do perfil *Basic*. Já para as demais licenças (Visual Studio Enterprise, Visual Studio Test Professional e MSDN Platform), estas recebem nível de acesso igual ao do perfil *Basic + Test Plans*.

A Tabela 4.1 (a seguir) sintetiza algumas funcionalidades a que cada perfil tem acesso.

Tabela 4.1. Funcionalidades x perfis de acesso no Azure DevOps. Fonte: adaptado de Microsoft (2020).

Funcionalidade	*Stakeholder*	*Basic*	*Basic + Test Plans*
Administrar organização	x	x	x
Backlog* e *Sprints Acesso total às ferramentas de *backlog* e planejamento de *Sprint*		x	x
Página inicial avançada Acesso a projetos, *work items, pull requests*		x	x
Gestão de portfólio Acesso total para definir os *work items: features* e *epics*		x	x
Quadros ágeis *Stakeholders* têm acesso limitado a quadros *Kanban*/ de tarefas. Podem adicionar *work items* e atualizar status através de *drag-and-drop* (nos quadros), mas não podem atualizar os campos nos *cards* e também não podem ver ou editar a capacidade	x	x	x
Artefatos Azure Acesso total às funcionalidades dos artefatos Azure, até 2 GB de armazenamento gratuito		x	x
Releases* e *pipelines Incluindo definição de *pipelines* de *release* e *pipelines* de *deploy* contínuo. Quando ativada a funcionalidade *Free access to Pipelines Preview*, os *stakeholders* ganham acesso a todas as funcionalidades do Azure Pipelines		x	x
***Backlog* básico e planejamento de ferramentas** Acesso limitado para adicionar e modificar itens em *backlogs*, *Sprint Backlogs* e quadros de tarefas. *Stakeholders* não podem associar itens a uma iteração/ *Sprint*, usar o painel de mapeamento (*mapping panel*) ou a previsão (*forecasting*)		x	x
Build Acesso total a todas as funcionalidades para gerenciar CI (*Continuous Integration*, Integração Contínua) e CD (*Continuous Delivery*, Entrega Contínua)		x	x
Gráficos Permissão de visualizar e criar gráficos baseados em *queries* para rastreamento de *work items*. *Stakeholders* não podem criar gráficos e somente podem visualizá-los quando adicionados a um *dashboard*		x	x
Código Acesso total a todas as funcionalidades para gerenciar códigos usando repositórios Git ou usando Team Foundation Version Control (TFVC).		x	x
Funcionalidades padrão *Work items* entre projetos, visualizar *dashboards*, visualizar wikis e gerenciar notificações pessoais. *Stakeholders* não podem visualizar os *markdowns* nos arquivos *README* dos repositórios, apenas páginas wiki	x	x	x

Funcionalidade	*Stakeholder*	*Basic*	*Basic + Test Plans*
Serviços de testes em *build* e *release* Executar testes unitários com os *builds*, revisar e analisar o resultado dos testes		x	x
Gerenciamento de casos de testes Adicionar planos de testes e suítes de testes, criar testes manuais e configurações de ambiente para os testes, e deletar artefatos de testes			x
Execução e análise dos testes Execução de testes manuais, rastreamento dos status de testes e automação de testes		x	x
Acesso ao sumário de testes para os *stakeholders* Solicitação de *feedback* aos *stakeholders*, através da extensão *Test & Feedback.*	x	x	x
Visualizar meus *work items* Adicionar, modificar ou acompanhar *work items*, visualizar e criar *queries* e submeter, visualizar e alterar respostas de *feedbacks*. *Stakeholders* somente podem associar *tags* existentes a *work items* (não podem incluir novas *tags*) e somente podem salvar *queries* privadas (*My Queries;* não podem salvar *queries* compartilhadas em *Shared Queries*)	x	x	x
Visualizar *releases* e gerenciar aprovações Visualizar e aprovar *releases*. Quando ativada a funcionalidade *Free access to Pipelines Preview*, os *stakeholders* ganham acesso a todas as funcionalidades do Azure Pipelines.	x	x	x

Apenas três perfis de acesso podem parecer pouco à primeira vista, porém o Azure DevOps possui também *security groups* (grupos de segurança). Por padrão, existem os grupos *Readers*, *Contributors* e *Project Administrators.*

Para utilizar as funcionalidades do Azure DevOps, um usuário precisa estar atribuído a um perfil de acesso (vide Tabela 4.1) e também estar associado a um *security group* devidamente configurado com as permissões desejadas. Ou seja, as limitações de acesso a uma determinada funcionalidade são baseadas no perfil e no grupo de segurança ao qual o usuário é atribuído.

É importante destacar que os *security groups* podem ser customizados e até mesmo podem ser criados novos grupos, de acordo com a necessidade do seu projeto e organização. A intenção com este capítulo não é detalhar cada permissão que podemos configurar e explorar todas as possibilidades de combinação. Mas se em seu projeto/organização essas permissões não foram alteradas, na documentação do Azure DevOps (*Default permissions and access*) (MICROSOFT, 2020), há uma sugestão de configuração:

- ✓ Conceda o perfil ***Basic*** ou superior e adicione ao grupo de segurança ***Contributors*** trabalhadores que irão contribuir com o código-fonte ou fazer a gestão dos projetos.
- ✓ Conceda o perfil ***Stakeholder*** e adicione ao grupo de segurança ***Contributors*** gestores e usuários que não contribuem diretamente com o código-fonte, mas que precisam acompanhar e direcionar o projeto, dar *feedbacks* e fazer alinhamento de negócio com o time.
- ✓ Conceda o perfil ***Stakeholder*** e adicione ao grupo de segurança ***Project Administrators*** usuários encarregados de gerenciar os recursos da organização ou das *collections*.

Por fim, vale destacar que, independentemente do perfil de acesso, se um usuário for atribuído a um *security group* ***Reader***, este usuário terá apenas permissão de visualização das funcionalidades do Azure DevOps.

Teams

Conforme o crescimento dos times ágeis, existe a necessidade da divisão dos projetos em grupos mais gerenciáveis. Cada grupo deve possuir seu próprio conjunto de ferramentas para gerenciar os seus *backlogs* e planejar suas próprias *Sprints*. Essa independência garante que um mesmo projeto possua várias equipes trabalhando em *boards* separados e que o usuário de um *team* não tenha acesso ao *board* de outro *team*. Importante ressaltar que apenas o administrador do *team* consegue alterar as configurações dos *boards*. Caso haja a necessidade, adicionar as permissões específicas de alterações de nós das áreas e *iterations* para um usuário pertencente ao *team*.

Quando um *team* é criado, pode-se escolher a opção de criar uma *area path* com o nome do *team*, conforme figura a seguir. A partir desse momento, basta selecionar essa *area path* durante a sua criação para o *work item* fazer parte do *board* e das *Sprints* do *team*.

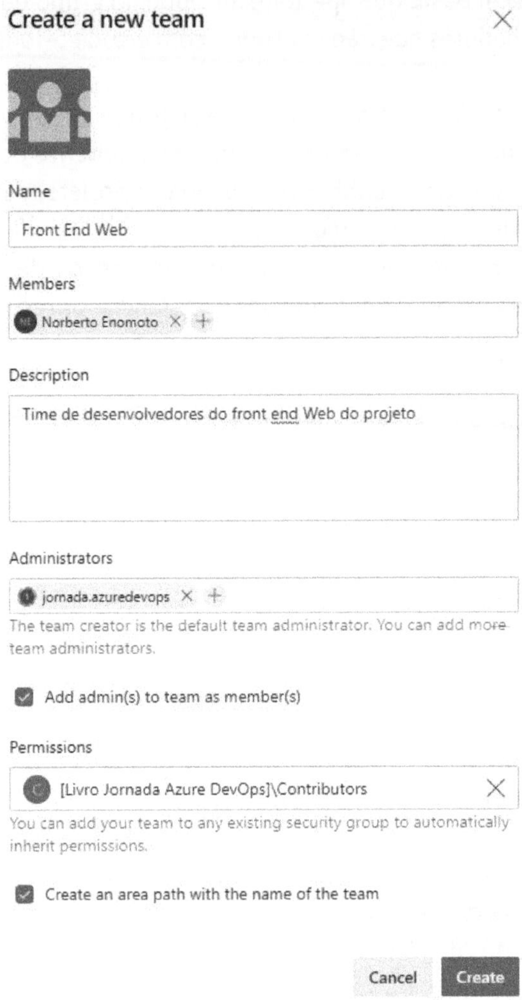

Figura 4.1. Criação de um *team*.
Fonte: Versão de janeiro de 2021 do Azure DevOps Nuvem[2]. Autorizada pela Microsoft.

Por exemplo, pode-se ter um *team* com os desenvolvedores do *frontend web*, outro *team* com os desenvolvedores *mobile* e mais um *team* com os desenvolvedores do *backend*. Um desenvolvedor pode fazer parte de apenas um *team* ou mais *teams* simultaneamente.

---

[2] Figuras mais atualizadas podem ser consultadas no nosso projeto público e colaborativo: <https://dev.azure.com/jornadaazuredevops>.

PARTE II.
A GESTÃO NO AZURE DEVOPS

Depois do entendimento de como chegamos até aqui e dos principais conceitos do Azure DevOps, esta parte destrincha como pode ser feita a gestão no Azure DevOps. Ela inicia com o conceito de ciclo de vida de projeto e de produto e continua com a importância da transparência dada por uma ferramenta, item que favorece diretamente a colaboração. Os *templates Scrum* e o *Kanban* são explorados, pois este *framework* e método, respectivamente, são importantes para garantir a entrega e os ciclos de *feedback* curtos.

5. Gestão do ciclo de vida do projeto e/ou do produto

Analia Irigoyen
Marcelo Nascimento Costa

Um ponto que é importante desmistificar em uma gestão é o ciclo de vida do "produto" e do "projeto". Um produto nasce a partir da execução de um projeto, mas seu ciclo de vida em geral é mais longo que o ciclo de vida de um projeto. Na verdade, um produto será evoluído ao longo de vários projetos. O mesmo deve-se pensar em relação à sua documentação, seja esta de que tipo for. Em um novo projeto para um produto já existente, devemos evoluir uma documentação que nasceu em projetos anteriores, sendo que muitas das informações que teriam que ser construídas naquele momento na verdade já foram. É raro redefinir uma arquitetura completa de um produto em um novo projeto. Portanto, a documentação será apenas evoluída de acordo com os requisitos do escopo daquele projeto em questão. Não é raro que nesses casos haja muito pouco a se documentar.

O ciclo de vida de um projeto e seus principais modelos

O ciclo de vida de um projeto consiste de fases e atividades que são definidas de acordo com o escopo, os recursos e a natureza (características) do projeto, visando oferecer maior controle gerencial. A cada fase do ciclo de vida do projeto são gerados produtos de trabalho necessários para o desenvolvimento das fases posteriores.

Essa organização em fases permite planejar o projeto, incluindo os marcos importantes para controle do projeto. Os marcos do projeto precisam ser previamente definidos ao se realizar o planejamento do projeto.

Tipos mais comuns de ciclo de vida do projeto

Sequencial (Cascata)

Neste ciclo, ocorre uma abordagem sequencial no decorrer do projeto, ou seja, as fases do ciclo de desenvolvimento são executadas em uma sequência ordenada. Dessa forma, a passagem para determinada atividade exige como critério a finalização da atividade imediatamente anterior. Um dos pontos fortes do modelo sequencial está na ênfase dada a uma abordagem disciplinada e na recomendação de que todos os produtos de cada fase sejam formalmente entregues.

Iterativo (Incremental)

Neste ciclo, a construção do produto ocorre em pequenos passos (iterações) que evoluem para o produto final. A abordagem prevê a organização em fases que possuem objetivos distintos. Em cada fase são realizadas atividades em uma ordem sequencial. Para cada fase, ocorrerão tipicamente múltiplas iterações. O número de iterações pode variar, dependendo dos requisitos especiais do projeto. Normalmente, a fase de "Iniciação" e a fase de "Planejamento" possuem uma única iteração.

O *Scrum*, por exemplo, é um processo iterativo e incremental para o desenvolvimento de qualquer produto e gerenciamento de qualquer projeto. Este ciclo de vida também pode ser considerado evolutivo (o conhecimento sobre os requisitos evolui à medida que os incrementos vão sendo executados).

Já o RUP (*Rational Unified Process*) (IBM, 2008) sugere um desenvolvimento iterativo-incremental, onde as principais definições são:

- ✓ **Iteração** – Conjunto de atividades de modelagem de negócios, requisitos, análise e projeto, implementação, teste e implantação, em várias proporções, dependendo do local em que ela está localizada no ciclo de desenvolvimento.
- ✓ **Disciplina** – Conjunto de atividades relacionadas a uma 'área de interesse' importante em todo o projeto.
- ✓ **Papéis** – O comportamento e as responsabilidades de um indivíduo ou de um conjunto de indivíduos.

As fases estão definidas como: concepção, elaboração, construção e transição.

O ciclo de vida de um produto

O ciclo de vida de um produto é maior do que o ciclo de vida do projeto, ou seja, o ciclo de vida do projeto faz parte do ciclo de vida do produto. Os autores do livro "Jornada Ágil do Produto" (MUNIZ et al, 2020) descreveram o ciclo de vida de produto de uma forma objetiva e didática que engloba o conceito que está sendo cada vez mais usado pelas empresas.

Antes do início – O que fazer?

Antes de iniciar qualquer produto e sua construção, há etapas que não podem deixar de existir; aliás, entender por que seu cliente compraria seu produto é uma reflexão quase obrigatória. Nesse momento é importante alinhar a sua estratégia de negócio à visão do seu produto. Nesta fase também é importante pensar em um modelo mental onde qualquer tipo de negócio ou empresa possa se encaixar, ou seja, entender qual é o mercado mais adequado ao seu produto (*Product Market Fit*).

Tudo tem meio – Técnicas e ferramentas

Quando estamos desenvolvendo a primeira *release* de um produto ou a XXª *release* é importante o uso de técnicas e ferramentas para estabelecer consenso e priorização do produto e para construção, testes e implantação.

Nesta etapa podemos usar diversas ferramentas para descobrir soluções, tais como: *Continuous Product Discovery*, Produto Mínimo Viável (MVP), Definição MVP, *Lean Startup*, *Value Proposition Canvas*, Ciclo de Vida *Fit for Purpose* – F4P.

Também nesta etapa estão incluídas práticas para design de produto/construção do produto, como por exemplo: design centrado no usuário: como se aplica na construção de um produto; combinando *design thinking*, *Lean* e ágil na construção de um produto; *DesignOps*: cultura de design organizacional; *Design Sprint*; *Lean Inception*; UX/UI; *Product Backlog Building*.

Ao final de cada *release* é importante validar tudo o que estamos fazendo. Algumas das técnicas mais conhecidas são: testes A/B; testes de aceitação (BDD) e ATDD; observabilidade; telemetria; monitoramento.

Chegando lá – O lançamento do produto

Incrementalmente o seu produto chega na fase de lançamento e, por isso, nesta etapa, é importante especificar e planejar o *rollout* e como será a operação assistida.

Só acaba quando termina....

Esta etapa pode ser a mais temida ou a mais desejada de um produto, mas é importante que sejam planejadas e executadas a desmobilização e a descontinuação do produto e pensar em recriar ou adaptar para as novas possibilidades.

É possível perceber que o Azure DevOps é um ALM e pode apoiar a execução de todas as fases de um ciclo de vida do projeto e/ou de um produto. Que tal descobrir continuando a leitura dos próximos capítulos?

6. Visão geral do Azure DevOps

Willow Cavalheiro Chung
Analia Irigoyen
Norberto Hideaki Enomoto
Ricardo Almandos Irigoyen

Azure DevOps é a plataforma de gerenciamento de ciclo de vida de uma aplicação (ALM) desenvolvida pela Microsoft que contém tudo que é preciso para a criação de um produto de software, podendo ser utilizada na versão *cloud* com o nome de **Azure DevOps Services** ou *on-premises* com o nome de **Azure DevOps Server**. No passado eram chamadas de VSTS (Visual Studio Team Service) e TFS (Team Foundation Server), respectivamente, conforme detalhado no Capítulo 2.

A atualização da ferramenta trouxe consigo a modularização das funcionalidades para o melhor entendimento e possibilita o uso independente dos serviços fornecidos. São eles:

Azure Boards 

O Azure Boards é o módulo que nos permite planejar e gerenciar o trabalho necessário para a construção de uma solução utilizando conceitos como *Scrum*, *Kanban* e CMMI. É nele onde cadastramos e priorizamos o *backlog* do produto e planejamos e acompanhamos os itens de trabalho (*work items*), os testes e o registro dos defeitos.

Azure Repos 

O Git é o controle de versão mais conhecido atualmente e foi adotado como padrão no Azure Repos e com ele podemos ter repositórios ilimitados em cada projeto. Também existe a opção do TFVC (*Team Foundation Version Control*).

Além do controle de versão, Repos nos permite configurar políticas de segurança, permissões e nos ajuda a definir processos – por exemplo, revisão por pares obrigatória através de *pull requests*. É possível relacionar qualquer tipo de trabalho criado pelo Azure Boards aos *commits*, *branches* e *pull requests*.

Azure Pipelines

Azure Pipelines traz as práticas de integração contínua (CI) e entrega contínua (CD) integrando repositórios do Azure Repos, GitHub, Bitbucket Cloud e Subversion. Evidentemente, utiliza a estrutura Azure ao provisionar recursos; portanto, temos integração com registros de *containers* (ACR), Kubernetes (AKS), serviços de aplicação, entre outros.

É possível adicionar extensões para incrementar funcionalidades em qualquer módulo através do *marketplace* do Azure DevOps (<https://marketplace.visualstudio.com/azuredevops>). Podemos integrar com as principais ferramentas do mercado, como Jenkins, Terraform, Sonarqube, Slack, Teams, Google Play, AWS, Apple App Store, entre outros.

Os *pipelines* podem utilizar agentes privados ou hospedados pelo Azure (*Self hosted agents* e *Microsoft-based agents)* nas plataformas Windows, Linux e MacOS. Também há a opção de realizar *deploy* para Azure, AWS, GCP e servidores *on-premises*.

Azure Test

Podemos criar e executar cenários de testes exploratórios e automatizados gerando evidência com extensão do próprio Azure DevOps para navegador (*Test Manager*) no Azure Test Plans e criar planos de testes completos por *Sprints*. Não tem na versão *free* do Azure DevOps.

Azure Artifacts

O Azure Artifacts permite a criação e o compartilhamento de pacotes Maven, NPM e NuGet a partir de repositórios público e privado. Essa funcionalidade de gerenciamento de pacotes pode ser utilizada nos *pipelines* de integração e entrega contínua (CI | CD) de forma simples. O Azure Artifacts introduz o conceito de múltiplas fontes (repositório de pacotes ou fontes de pacotes) que poderá ser utilizado para organizar e controlar o acesso aos pacotes do projeto.

7. *Scrum*, *Kanban* e tradicionais

Bruna Lanzarini
Fabrício Gama
Analia Irigoyen

Scrum

Quando se pensa em agilidade, este é o principal nome que vem à mente de muitas pessoas. Não é à toa que o *Scrum* é o *framework* mais utilizado ao redor do mundo, de acordo com o relatório anual do *State of Agile* (DIGITAL.AI, s.d.), publicado em maio de 2020. Segundo a publicação, 58% das empresas entrevistadas utilizam o *framework Scrum*. E por que esse sucesso frente a outras abordagens, metodologias e *frameworks*? Provavelmente pela sua simplicidade de adoção. Basta seguir algumas regras e você está pronto para dizer "estou iniciando no mundo ágil". E, sim, é "iniciando". Pois não basta seguir o que o *Scrum* sugere para você já ser ágil. Ágil vai além de *framework* ou metodologia. É um *mindset*, uma cultura a ser adotada. Mas seguir o processo e ter uma ferramenta como o Azure DevOps para dar total suporte, sem dúvidas, já é um excelente *kick-off* para um novo *mindset* e uma nova cultura dentro do seu time.

Tudo começa com o *backlog* do produto, que já deve ter sido levantado pelo *Product Owner* (PO). Um *backlog* normalmente nasce como um épico e o PO faz um refinamento dividindo o épico em história de usuários, que são partes menores da solicitação do cliente/projeto. Essa porção precisa ter valor para o cliente/*stakeholder*, pois o time fará pequenas entregas ao longo do tempo. O PO é a pessoa responsável por direcionar para onde o produto irá caminhar, bem alinhado às necessidades e expectativas do cliente. Em resumo, um *backlog* é a lista de demandas a que o time precisa atender para aquele cliente/projeto.

Uma vez a cada duas ou três semanas, o time se reúne para definir a *Sprint*, que é o período em que o time ficará dedicado à execução das tarefas levantadas. Nesse momento ocorre a *Sprint Planning*. Aqui o time precisa definir junto com o PO o *Backlog* da *Sprint*, que é selecionado a partir do *Backlog* do Produto. Os itens (*user stories*) selecionados vão compor o *Backlog* da *Sprint* – o time precisa quebrar esses itens da *Sprint Backlog* em porções menores, que chamamos de tarefas.

Pronto, agora o time pode começar a rodar a *Sprint*. Agora, diariamente o time precisa se encontrar para uma reunião rápida de alinhamento. É o momento de saber como andam as tarefas que o time está executando e avaliar se o time está no caminho certo para atender ao objetivo definido na *Planning*, ou seja, atender ao *Backlog* da *Sprint*. É recomendado que esse alinhamento seja bem breve, algo em torno de no máximo 15 minutos (*daily meeting* – reunião diária).

Ao fim do ciclo de duas a três semanas, o time se reúne novamente, agora para fazer a Revisão da *Sprint* (*Sprint Review*). Neste rito são apresentados os entregáveis do time, que foram produzidos na *Sprint*, para o cliente/*stakeholder*. Logo após, é recomendado que o time faça uma retrospectiva da *Sprint* (*Sprint Retrospective*), para que juntos possam identificar o que deu certo, o que falhou e o que precisa ser feito de diferente para que a próxima *Sprint* seja ainda melhor. Com isso o time consegue buscar a sua melhor versão de trabalho em equipe, ou seja, a tão esperada melhoria contínua.

No livro "Jornada Ágil e Digital" (MUNIZ; IRIGOYEN, 2019), é possível conhecer mais a fundo o *Scrum*, além de um *case* da real utilização fora da TI.

Kanban

Criado nos anos 60 pela Toyota no Japão, o *Kanban* é um método de gestão de fluxo que dá ênfase a alguns princípios: visualizar o trabalho em andamento, limitar o trabalho em progresso e identificar oportunidades de melhoria contínua (*Kaizen*). Em uma tradução livre, *Kanban* significa "painel", que é exatamente um dos principais elementos, ou seja, um quadro para indicação e acompanhamento visual do andamento do fluxo de produção da empresa ou equipe (MUNIZ et al, 2021).

Normalmente times e empresas que adotam o método *Kanban* buscam resolver questões como a falta de comunicação e transparência, a má distribuição do volume de trabalho quando se trabalha com datas de entregas definidas, dentre outros problemas. Com o *Kanban*, o foco deve ser buscar uma evolução e não uma revolução. Através de pequenos passos (*baby steps*) experimentais de melhoria contínua (*Kaizen*), é possível alcançar resultados mais rápidos, com aumento do engajamento e menor resistência das pessoas.

Como o *Kanban* busca sempre o *Kaizen* dentro dos times, não existe uma "receita de bolo" de como utilizá-lo. É preciso observar e metrificar para conseguirmos propor mudanças e evoluções no processo de trabalho existente. Começar mapeando a bagunça é uma sugestão de "por onde começar" com o método *Kanban*, ou seja, comece anotando todas as etapas do fluxo de trabalho. Cada etapa do fluxo serão as colunas do meio do quadro *Kanban*. E nas extremidades temos as colunas "a fazer" (à esquerda), e "Pronto" (à direita). Mapeada a "bagunça", podemos começar a utilizar o quadro. O próximo passo é escrever em *post-its* coloridos as tarefas do time. A seguir, exemplo de um quadro que poderia ser utilizado por um time (Figura 7.1).

Figura 7.1. Fluxo do *Kanban*.
Fonte: adaptado de Anderson (2010).

Ficou curioso para mais informações sobre o *Kanban*? O livro "Jornada Ágil e Digital" (MUNIZ; IRIGOYEN, 2019) possui um capítulo inteiro e totalmente dedicado a explicá-lo mais a fundo, que vai muito além de um quadro e *post-its*. Neste livro, você pode ver este método com mais detalhes no capítulo "Monitoramento de Projetos com Ágil – (Kanban). Confira também outro lançamento da Jornada Colaborativa, o "Jornada Kanban na prática" (MUNIZ et al, 2021).

Tradicionais

Diferentemente dos métodos ágeis, os métodos tradicionais são menos suscetíveis a mudanças no escopo, portanto tendem a considerar que o projeto foi um sucesso somente quando todas as etapas forem concluídas. É uma forma de trabalho orientada a documentação. Existem algumas abordagens que podemos citar como exemplo: cascata, prototipação, espiral, etc. É importante ressaltar que as metodologias tradicionais foram criadas numa época em que o cenário de desenvolvimento de software era bem diferente, muitas das vezes baseado em *mainframes*. Então era melhor seguir uma sequência de passos bem definidos e documentados, onde um passo só poderia ser executado após a conclusão do passo anterior, do que um cenário com pouco ou nenhum levantamento de requisitos, o que acarretava muitos *bugs*, podendo levar o projeto ao fracasso.

Mesmo os modelos de referências tradicionais mais comuns para software estão se adaptando e estão sendo usados em conjunto com metodologias ágeis. Por exemplo, o CMMI (SEI, s.d.) e o modelo MPS.BR-Sw (SOFTEX, 2020) foram criados com o propósito de estabelecer um caminho padrão de práticas de qualidade a ser seguido para obter os resultados esperados. Trata-se de uma orientação, razão pela qual pode ser implementada com qualquer metodologia, inclusive as ágeis. Isso pode ser comprovado através da Figura 7.2 a seguir, que mostra como o CMMI pode ajudar no alcance das práticas *DevOps*.

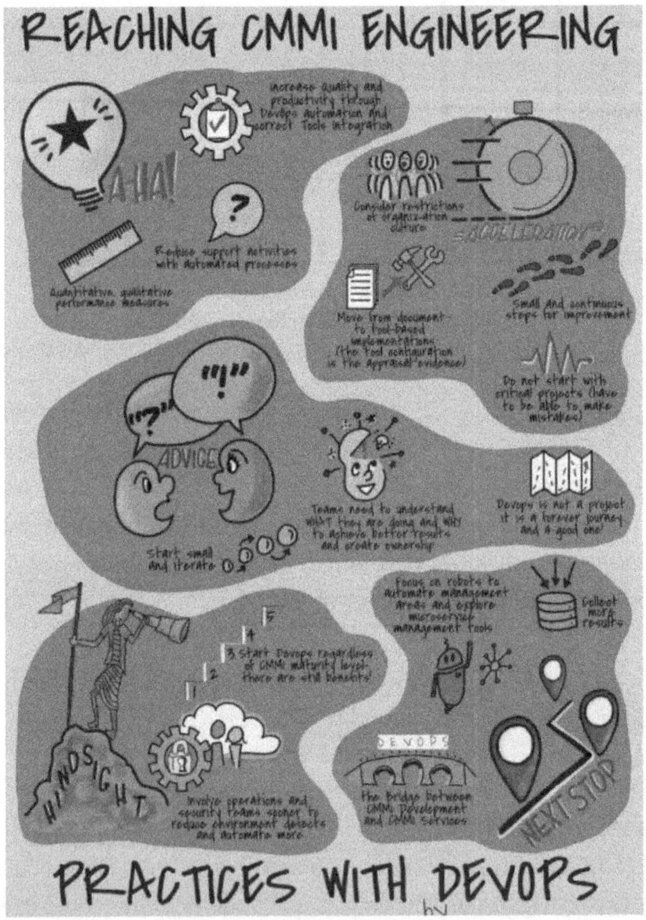

Figura 7.2. Como obter uma certificação CMMi-Dev com práticas *DevOps*.
Fonte: Irigoyen; Montoni (2020).

Para compreender melhor o que é o CMMI e por que a abordagem híbrida é possível, o melhor caminho é apresentarmos os cinco níveis de implementação, que ajudam a descrever o método e seu propósito.

O resultado a ser obtido em uma implementação do modelo CMMi-Dev, por exemplo, corresponde a um dos cinco níveis de implementação, que são progressivos e subsequentes.

Nível 1 – Inicial

As empresas que contratam serviços de consultoria ou *coaching on-line* em CMMI estão nesse nível. Trata-se daquele momento em que o grau de imprevisibilidade é muito alto. O controle sobre os processos e as equipes de TI é mínimo. Com isso, é natural que os gargalos se interponham no caminho da execução do projeto, resultando em insegurança quanto ao cumprimento de custos e prazos.

Outro aspecto importante é a dificuldade em se fazer uma gestão adequada das expectativas dos patrocinadores do projeto, devido à imprevisibilidade.

Tudo isso implica dizer que essa empresa anseia por um método de planejamento, organização e controle que torne a progressão da execução dos seus projetos previsível.

Nível 2 – Gerenciado

O primeiro estágio de maturação dos processos é o nível 2. Uma vez mapeadas as etapas e tarefas do projeto, os processos ganham uma maior definição.

Em outras palavras, a atuação dos profissionais deixará de ser intuitiva, uma vez que os processos são mais claros. Mesmo assim, as ações reativas continuam frequentes.

Nível 3 – Definido

Com os processos definidos, chegou a hora de organizar as tarefas, provendo-se ferramentas, cronogramas e divisão de tarefas.

Espera-se que a proatividade seja desenvolvida entre a equipe.

Nível 4 – Quantitativamente gerenciado

Uma vez que haja uma definição de quais são as etapas e tarefas, assim como sua distribuição dentro de um cronograma, o passo seguinte é criar indicadores que permitam que a progressão do projeto seja controlada.

Os indicadores gráficos têm, porém, uma importância maior, que é gerar conhecimento para a empresa. Indicadores gráficos e estatísticos transformar-se-ão em dados históricos, que permitirão avaliar o que funcionou bem e o que precisa ser melhorado.

Portanto, convém salientar que o CMMI é um modelo de melhoria constante, interferindo diretamente na qualidade dos processos e das entregas da empresa.

Nível 5 – Otimização

O nível 5 é aquele em que o CMMI está completamente implantado. Isso significa dizer que a cada novo projeto os padrões são não só repetidos, mas melhorados.

Ao alcançar esse nível, em que as práticas do CMMI já se tornaram rotina, a empresa opera num alto nível de organização, previsibilidade e controle.

A alta capacidade de controle e análise adquirida reflete na qualidade da entrega, movida pelo aperfeiçoamento dos processos e pela aquisição de novas tecnologias.

Os níveis de implementação do CMMI são sequenciais. Você precisa alcançar antes o nível 2, para então tentar alcançar o nível 3. A cada nível que sua empresa consegue alcançar, como já pudemos perceber, esses problemas vão sendo atenuados ou eliminados.

Os *templates* do Azure DevOps permitem a utilização de qualquer um desses ciclos de vida, como você poderá verificar ao ler os próximos capítulos desta parte.

8. Estrutura de *work items* e *templates* de processos

Joana Carrasco
Analia Irigoyen
Marcelo Nascimento Costa

A agilidade nos processos é fator chave para o ganho de produtividade e a manutenção de uma rotina ágil de trabalho, de modo que a empresa possa atender aos seus prazos e compromissos, gerando valor para gestores, colaboradores e clientes.

Acima de tudo, agilidade é um diferencial que só será obtido com uma gestão focada na qualificação permanente dos processos. Para isso, eles precisam ser continuamente mapeados e a cultura da empresa deve ser voltada para melhorias e inovação, o que passa pela conscientização e pelo treinamento das equipes nesse sentido.

Além disso, é preciso que se estabeleçam mecanismos de monitoramento e controle dos resultados que sejam capazes de produzir indicadores que reflitam o desempenho das soluções adotadas e ajudem na identificação de procedimentos e rotinas deficientes.

Nesse sentido, o Azure DevOps pode ajudar a criar essa cultura padrão agilizando conceitos das principais metodologias do mercado: por isso que, ao criar um projeto, é preciso um *template* ou modelo de processo.

Como é um processo no Azure DevOps

Um processo é o que define a estrutura do projeto, a hierarquia e o relacionamento entre objetos e itens de trabalho (*work items*). Existem alguns modelos prontos de processos (templates) e é possível customizar um de acordo com as necessidades da sua organização e projeto. Os *templates* de processos se baseiam em algumas metodologias como: *Scrum*, ágil ou CMMI.

Sempre que um projeto for criado, é preciso escolher o "Work Item Process" que iremos utilizar. Dentre os processos listados anteriormente, temos algumas possibilidades de *templates* ou modelos de processo disponíveis, conforme imagem a seguir:

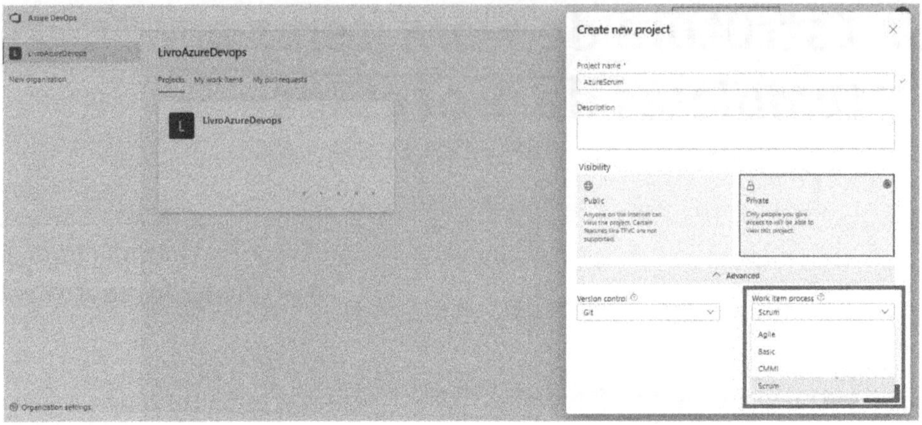

Figura 8.1. Criação de projeto – Definição de *template*.
Fonte: versão de janeiro de 2021 do Azure DevOps Nuvem[3]. Autorizada pela Microsoft.

Basicamente o que difere entre os processos são os tipos de *work items* que são providos para ajudar no planejamento e rastreamento de trabalho em seus projetos.

Para que possamos definir corretamente qual será o modelo ideal para nossa equipe, detalharemos neste livro um pouco sobre cada um dos processos.

Basic

O processo básico, como o nome sugere, é o mais simples e leve de todos. Contém apenas os *work items* do tipo *Epic* para controle do *backlog* de portfólio, *Issue* para rastreio do *backlog* de produto e *Task* para detalhamento e acompanhamento das atividades relacionadas a uma *Issue*.

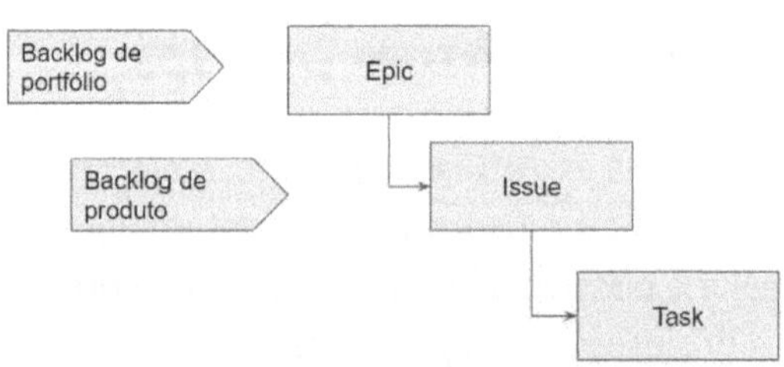

Figura 8.2. Estrutura do processo *Basic*.
Fonte: versão de janeiro de 2021 do Azure DevOps Nuvem. Autorizada pela Microsoft.

3 Figuras mais atualizadas podem ser consultadas no nosso projeto público e colaborativo: <https://dev.azure.com/jornadaazuredevops/>.

Agile

Esse modelo foi criado com base nos métodos e princípios ágeis, incluindo *Scrum*. Com este processo, podemos rastrear atividades de desenvolvimento e testes separadamente. Esse método é muito usado caso necessite rastrear histórias de usuário e os *bugs* em um quadro *kanban*. Com esse modelo de processo, ainda podemos organizar o trabalho além de apenas histórias de usuário e *bugs*. Quando há uma grande parte do trabalho que tem um objetivo em comum, podemos criar um *work item* conhecido como *Epic*, que pode ser dividido em pequenos conjuntos de trabalho chamados de *Feature*. Esta, por sua vez, também pode ser dividida em pequenos conjuntos de trabalhos chamados de histórias de usuário, e essas possuem *Tasks*, que são gerenciadas em diferentes cerimônias de uma *Sprint Agile* e planejada no *backlog*.

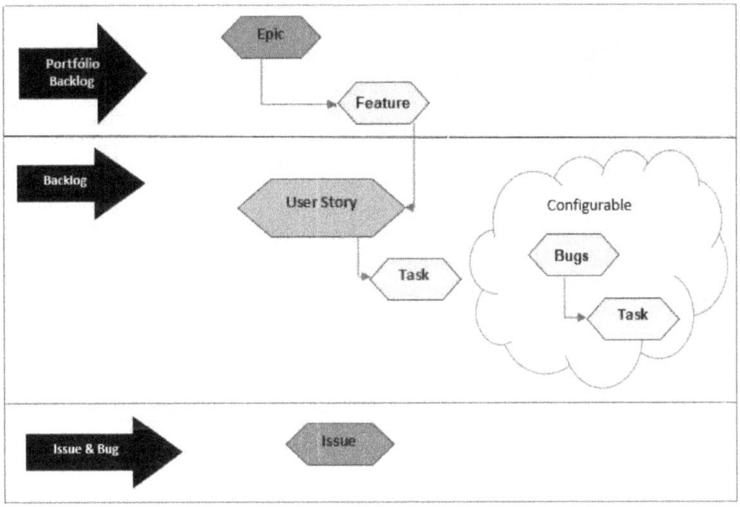

Figura 8.3. Estrutura do processo *Agile*.
Fonte: versão de janeiro de 2021 do Azure DevOps Nuvem. Autorizada pela Microsoft.

Nesse modelo, os itens de lista de pendências de produto, ou seja, o famoso *Product Backlog*, são chamados de histórias de usuário (*User Story*) e os impedimentos são conhecidos como *Issue*.

No Azure DevOps podemos gerenciar e planejar *bugs*. Nas configurações do processo, é possível configurar como o *work item Bug* se comporta: como uma tarefa que fica debaixo de uma *User Story* ou independente, podendo inclusive ter tarefas associadas, como mostra a Figura 8.3.

Scrum

Se a sua equipe está seguindo o *Scrum* para gerenciamento de tarefas, você pode escolher o modelo de processo *Scrum*.

O modelo de processo *Scrum* é similar ao *Agile*, o que diferencia é que, em vez de *User Stories*, temos *Product Backlog Items*. Começando do mais alto nível, temos o *work item Epic* para um agrupamento de trabalho similar, que pode ser dividido em pequenos conjuntos de trabalho chamados de *Feature*, que por sua vez podem ser divididos em *Product Backlog Item*, *Task* e *Impediment* da mesma forma como no *Agile*. O *work item Bug* também pode ser configurado como tarefa ou um item de trabalho independente.

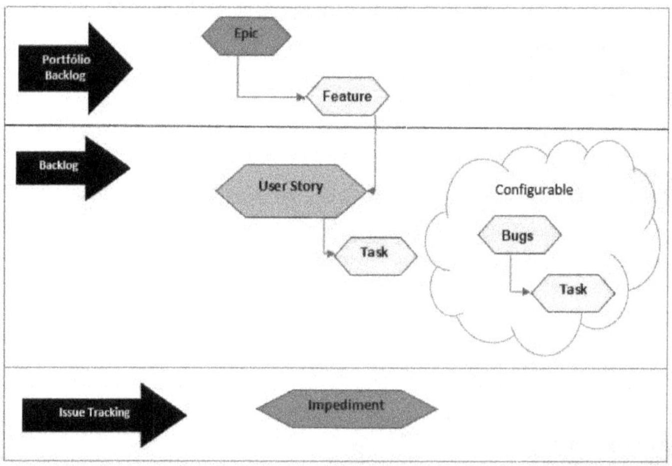

Figura 8.4. Estrutura do processo *Scrum*.
Fonte: versão de janeiro de 2021 do Azure DevOps Nuvem. Autorizada pela Microsoft.

CMMI

O processo CMMI do Azure DevOps é projetado para facilitar a prática de uma organização que utiliza tal modelo de trabalho no seu dia a dia. Similar ao processo *Agile*, porém com um planejamento mais formal, contendo um número maior de documentações e produtos de trabalho. Além disso, possui também o rastreamento de tempo. Com a utilização desse processo, será possível o rastreio dos itens de *backlog*, tais como requisitos, solicitações de alterações, tarefas, *bugs*, riscos e revisões.

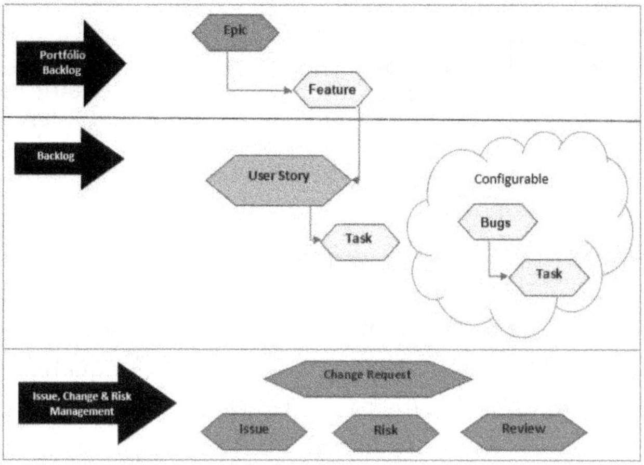

Figura 8.5. Estrutura do Processo CMMI.
Fonte: versão de janeiro de 2021 do Azure DevOps Nuvem. Autorizada pela Microsoft.

Todos os modelos de processo têm relatórios, visão geral de *backlog*, *burndown* de *release*, *burndown* de *Sprint* e velocidade.

Work items: diferenças entre os modelos

A seguir, destacamos as principais diferenças entre os modelos do Azure DevOps.

Epic

- ✓ ***Scrum*** – Criaremos um novo *Epic* neste modelo, que ficará com o status "new". Caso tenhamos a necessidade de remover, o status passará para "removed" e voltará para o *backlog*. Quando a implementação é iniciada, seu status é atualizado para "in progress". E, ao finalizarmos o trabalho, o *Epic* é movido para "done".
- ✓ ***Agile*** – Criaremos um novo *Epic* neste modelo, que ficará com o status "new" e também poderá passar para o estado "removed", caso seja removido. Quando a implementação é iniciada, seu status será alterado para "active". E assim, quando as *Features* são finalizadas, passará para o status "resolved". E ao finalizar totalmente os critérios de teste o *Epic* mudará para "closed".
- ✓ **CMMI** – Criaremos um novo *Epic* neste modelo, que começa com o status "Proposed". Quando aceito passará para "Active" e quando as *Features* são finalizadas passará para o status "resolved". Igualmente aos projetos ágeis, ao serem finalizados os critérios de teste, o status ficará como "closed" da mesma forma quando for rejeitado.

Feature

- ✓ ***Scrum*** – A *Feature* inicia com o status "new" e pode ser alterada para o status "removed" quando removida. Após a implementação ser iniciada, passará para o status "in progress" e quando finalizada passará para "done".
- ✓ ***Agile*** – A *Feature* também inicia com o status "new" e pode ser alterada para o status "removed" quando removida. Após a implementação ser iniciada, passará para o status "active" e quando finalizada passará para o status "resolved". Após os critérios de teste serem aceitos, passará para o status de "closed".
- ✓ **CMMI** – A *Feature* inicia com o status "proposed" e quando rejeitada passa para "closed". Após ser aceita, passará para o status "active" e quando finalizada passará para o status "resolved". Após os critérios de teste serem aceitos, passará para o status de "closed".

Product Backlog Item, User Story e *Requirement*

Neste item é possível ver mais claramente a diferença entre os processos. No *Scrum* é chamado de *Product Backlog Item*, nos processos ágeis são conhecidos como *User Story* e no CMMI chama-se de *Requirement*.

- ✓ ***Scrum*** – O *Product Backlog Item* é iniciado com o status "new" e pode ser removido, passando para o status "removed". Tão logo aprovado pelo *Product Owner*, passará para o status "approved". Ao realizar o primeiro *commit*, passará para o status "committed" e quando o trabalho for finalizado o status logo mudará para "done".
- ✓ ***Agile*** – A *User Story* é iniciada com o status "new" e pode ser removida a qualquer momento, passando para o status "removed". Ao iniciar, passará para o status "active". Quando a codificação for finalizada e passar pelos testes unitários, o status será alterado para "resolved". Os testes de aceitação ao serem finalizados mudarão o status para "closed".
- ✓ **CMMI** – O *Requirement* inicia-se como "proposed" e caso seja rejeitado ficará com o seu status "closed". Quando aceito, passará para o status "active" e ao ser finalizada a codificação, o status será alterado para "resolved". Ao ser validado pelos testes, ficará com o status "closed".

Bug

- ✓ ***Scrum*** – O *Bug* é iniciado com o status "new" e pode ser removido a qualquer momento, passando para o status "removed". Ao ter a aprovação do *Product Owner*, o status será alterado para "approved". Ao ser realizado o primeiro *commit*, o status é alterado para "committed" e quando o trabalho é finalizado o status passará para "done".

> **OBS: no *Scrum* o *Product Backlog* e o *Bug* possuem os mesmos estágios.**

- ✓ ***Agile*** – O *Bug* é iniciado com o status "new". Quando aprovado, passa para o status "active". Quando consertado, ficará com o status "resolved". Quando verificado pela equipe de testes, o status será alterado para "closed". Quando o *Bug* é fechado, é possível fazer testes de regressão, voltando para o status "active".
- ✓ **CMMI** – O *Bug* é iniciado com o status "proposed" e caso seja aprovado ficará com o seu status "active". Quando resolvido, passará para o status "resolved". Ao ser validado pela equipe de testes, ficará com o status "closed".

Tasks

- ✓ ***Scrum*** – Uma tarefa é iniciada com o status "to do" e passa para o status "in progress" caso seja iniciada. Caso seja removida, o status será alterado para "removed". Quando finalizada passará para "done".
- ✓ ***Agile*** – Uma tarefa inicia com o status "new". Quando iniciada, a tarefa passará para o status "active". Caso seja removida, poderá ser alterada para o status "removed". Quando finalizada, passará para o status "closed".
- ✓ **CMMI** – Uma tarefa inicia como "proposed" e caso seja aceita ficará com o seu status como "active" ao ser iniciada. A partir do momento em que for finalizada e os requisitos de teste preenchidos, o status será alterado para "resolved". Ao ser validado pela equipe de testes, o status será alterado automaticamente para "closed".

Customização de processos

Uma característica importante do Azure DevOps é a capacidade de customização dos processos citados: *Scrum*, *Agile* e CMMI. Para acessar a opção para alterar processo, escolha a opção "Organization settings" na tela de entrada do Azure DevOps, conforme a seguir:

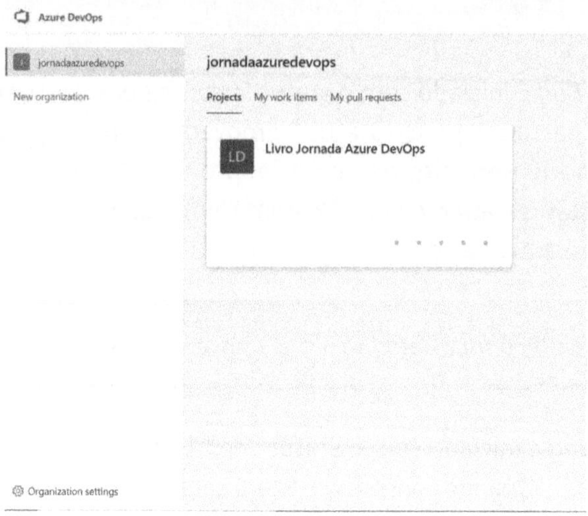

Figura 8.6. Acesso às configurações da organização.
Fonte: versão de janeiro de 2021 do Azure DevOps Nuvem. Autorizada pela Microsoft.

Em "Organization Settings", escolha a opção "Process" no grupo "Boards", conforme figura a seguir:

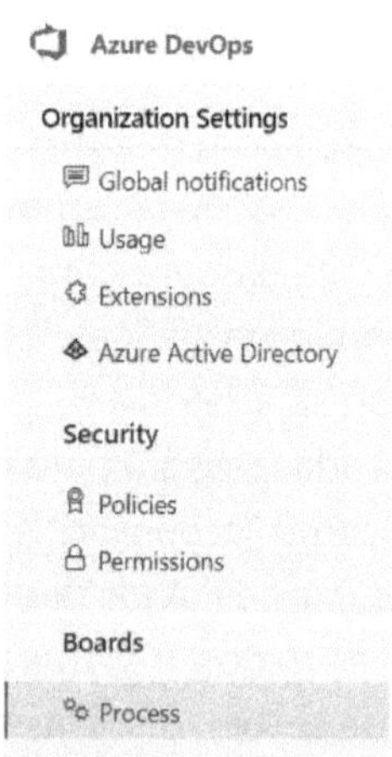

Figura 8.7. Acesso ao processo definido.
Fonte: versão de janeiro de 2021 do Azure DevOps Nuvem. Autorizada pela Microsoft.

Existe um padrão para cada tipo de processo que não pode ser alterado. Dessa forma, o Azure DevOps garante que sempre haverá os processos-padrão para a inicialização de um projeto.

Para a customização do processo, deve ser herdado um processo (*Create inherited process*), para ser definido o processo ideal para um ou mais *projects*, conforme a figura a seguir:

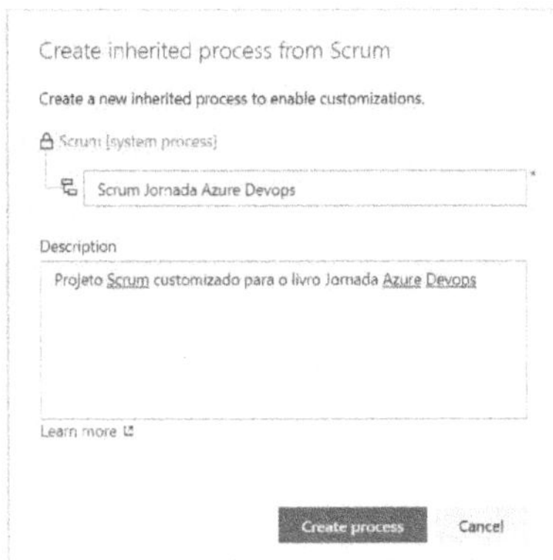

Figura 8.8. Criação de processo customizado.
Fonte: versão de janeiro de 2021 do Azure DevOps Nuvem. Autorizada pela Microsoft.

Na customização do processo, podem ser executados três tipos de customizações:

- ✓ Criação de um novo *work item*
- ✓ Customização de um *work item*
- ✓ Alteração do nível de *backlog*

Criação de um novo *work item*

Nesta estratégia, pode ser criado um *work item* do zero e totalmente customizado. Apenas para exemplo, foi criado um *work item* para o usuário gerar suas solicitações diretamente para a equipe de desenvolvimento. O resultado da criação do *work item*:

Figura 8.9. Criação de um novo *work item*.
Fonte: versão de janeiro de 2021 do Azure DevOps Nuvem. Autorizada pela Microsoft.

Para o novo *work item* "Solicitações do Usuário", podem ser customizados três pilares:

- ✓ **Layout com os campos associados** – Podem ser criados campos totalmente novos, como o departamento do usuário, ou reutilizados campos de outros *work itens*, como *Closed By*, *Closed Date*, *Assigned to*, entre outros. A customização ainda permite ajustes no layout da tela de manutenção dos dados do *work item*.
- ✓ ***States*** – Como padrão, são criados *New*, *Commited* e *Done*. Porém, podem ser adicionados quaisquer novos estados com o nome definido pelo usuário. Na definição de um novo estado, deve ser indicado o agrupamento de estado do qual faz parte. São três agrupamentos definidos pelo Azure DevOps: *Proposed*, *In Progress* e *Completed*.
- ✓ ***Rules*** – São regras customizadas que adicionam inteligência à alteração de dados e estados do *work item*. Alguns exemplos de regras que podem ser criadas (MICROSOFT, 2020):
  - Quando o valor é definido para o campo *Priority*, o valor do campo risco deve ser obrigatório.
  - Quando o valor do campo *Approved* é *True*, então torna o campo *Approved By* um campo requerido.

Como resultado final, o *work item* foi criado e pode ser manipulado como qualquer outro *work item* nativo do Azure DevOps:

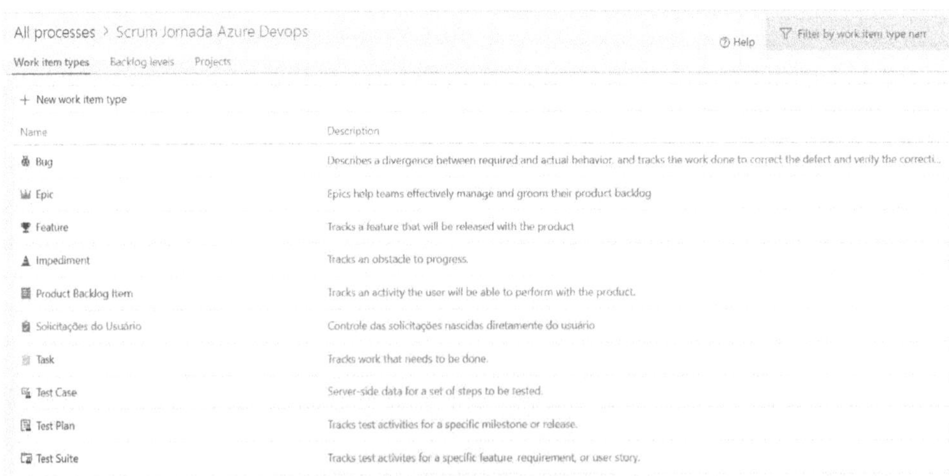

Figura 8.10. ***Work item*** **criado.**
Fonte: versão de janeiro de 2021 do Azure DevOps Nuvem. Autorizada pela Microsoft.

Alteração de um novo *work item*

Nesta estratégia, pode ser alterado tanto um *work item* nativo do processo como um *work item* definido pelo usuário. Como exemplo, será alterado o *work item Task*. A tela de alteração é similar à tela de criação, com a diferença da apresentação dos campos já definidos:

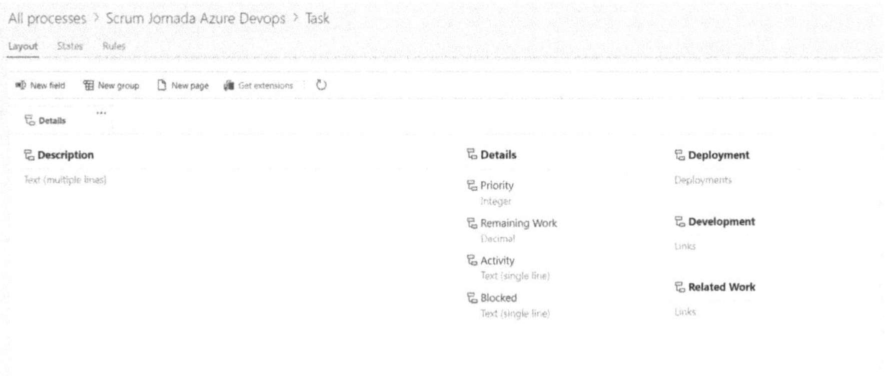

Figura 8.11. Tela de Alteração do *work item task*.
Fonte: versão de janeiro de 2021 do Azure DevOps Nuvem. Autorizada pela Microsoft.

A figura a seguir mostra, como exemplo, a edição do campo *Priority*:

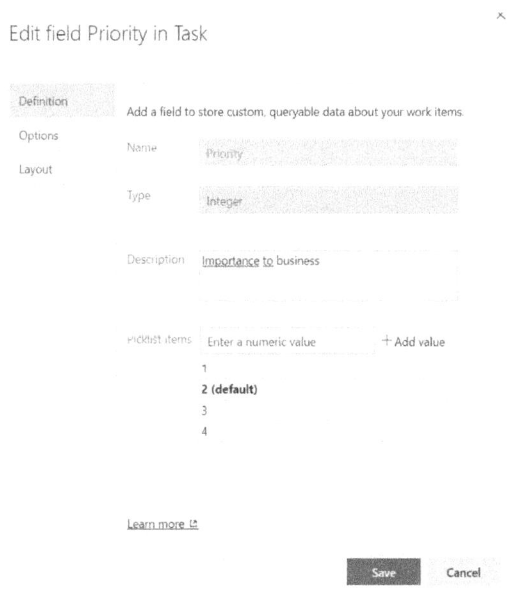

Figura 8.12. Tela de alteração da definição do *work item task*.
Fonte: versão de janeiro de 2021 do Azure DevOps Nuvem. Autorizada pela Microsoft.

Conforme a figura, podem ser alteradas a descrição e a faixa de valores numéricos que podem ser assumidos pelo campo.

Na aba "Options", apresentada na figura a seguir, podem ser alterados a obrigatoriedade do campo e o valor *default* assumido pelo campo *Priority*.

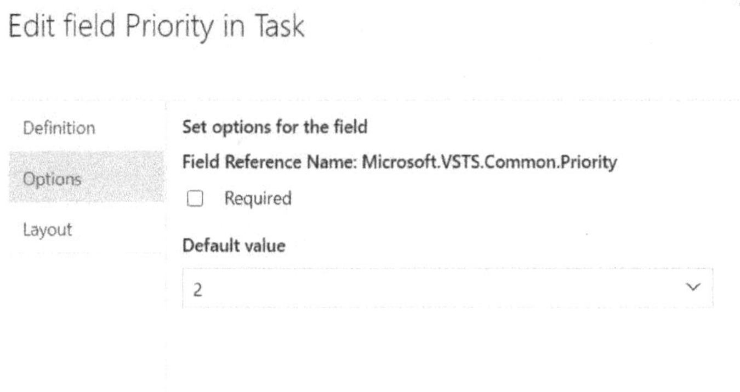

Figura 8.13. Tela de alteração das opções do *work item task*.
Fonte: versão de janeiro de 2021 do Azure DevOps Nuvem. Autorizada pela Microsoft.

Na aba "Layout", conforme a figura a seguir, pode ser alterado o nome do campo (*label*).

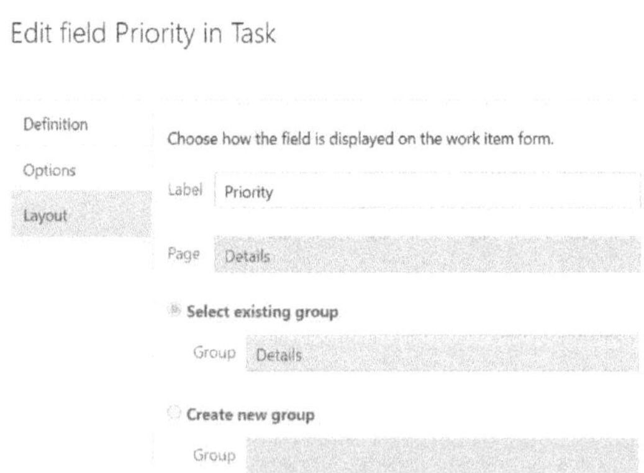

Figura 8.14. Tela de alteração do layout do *work item task*.
Fonte: versão de janeiro de 2021 do Azure DevOps Nuvem. Autorizada pela Microsoft.

O pilar *States* também funciona de forma similar com a criação de um novo *work item*. Considere que serão listados os estados já definidos para o *work item*, conforme apresentado na Figura 8.15:

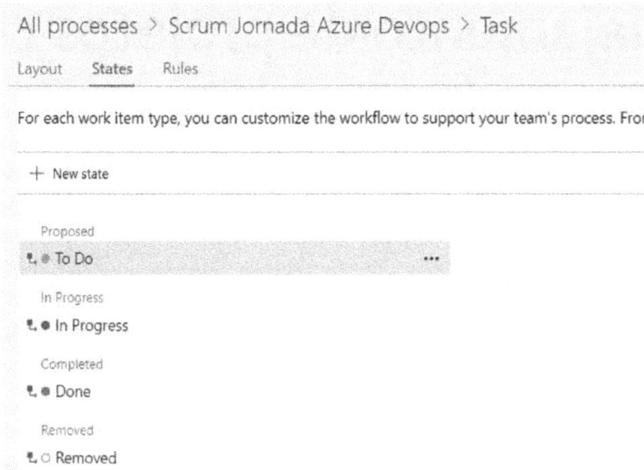

Figura 8.15. Pilar *States*.
Fonte: versão de janeiro de 2021 do Azure DevOps Nuvem. Autorizada pela Microsoft.

O pilar *Rule* possui a mesma estratégia da criação de um novo *work item* (MICROSOFT, 2020).

9. Planejamento de projetos com *Scrum*

Juliana Barros
Analia Irigoyen

O fluxo do *Scrum* é caracterizado por ciclos regulares de duas ou quatro semanas no máximo, chamados *Sprints*. O ciclo de vida pode ser considerado evolutivo (o conhecimento sobre os requisitos evolui à medida que os incrementos vão sendo executados).

Os requisitos a serem produzidos em um projeto são mantidos em uma lista nomeada *Product Backlog*, cujo refinamento não vai ser abordado neste capítulo.

O planejamento é feito no início de cada *Sprint*. Faz-se um *Sprint Planning Meeting* 1 e 2, ou seja, uma reunião de planejamento na qual o *Product Owner* prioriza os itens que estão no *Product Backlog* (*Sprint Planning* 1) e a equipe define e estima as tarefas que ela será capaz de implementar durante a *Sprint* que está iniciando.

As tarefas alocadas em uma *Sprint* são incluídas então no *Sprint Backlog*.

Planejamento do *Scrum* refletido no Azure

Ao criar um projeto no Azure DevOps utilizando o *template* ou modelo de processo *Scrum*, será possível realizar toda a etapa de planejamento do projeto utilizando apenas as interações e extensões da própria ferramenta.

Assim como no *Scrum*, os projetos terão os seus ciclos divididos em *Sprints*. Todas as atividades e funcionalidades a serem realizadas no projeto serão mantidas em uma lista de pendências. Essa lista pode ser visualizada na aba "Boards" em "Backlogs".

O *Backlog* é basicamente o seu plano de projeto contendo todos os itens de trabalho que a sua equipe entregará. Lá será possível compartilhar informações, atribuir tarefas, organizar o trabalho por times e priorizar atividades. Ainda na aba "Boards", é possível criar os itens de trabalho do seu projeto: basta selecionar "+ New Work Item" e escolher entre os tipos descritos, conforme capítulo anterior.

Opções de visualização

Com os itens do *Product Backlog* criados e equipe selecionada (quando aplicável), será possível iniciar o planejamento a partir da reunião de *Sprint Planning*. Verifique se o item escolhido é "Backlog Items" e o "Side Pane" está selecionado para *Planning* no ícone de opções de visualização.

É possível fazer alguns ajustes de visualização através do item "Column Options", escolhendo quais colunas e ordens queremos exibir em uma visualização rápida. No ícone de opções de visualização, selecione a opção de visualizar tarefas "Parents" em conjunto com o item, escolhendo "Forecasting" para predições de trabalhos a serem cumpridos ou simplesmente para mostrar itens em andamento ou finalizados através de "In Progress Items" ou "Completed Child Items".

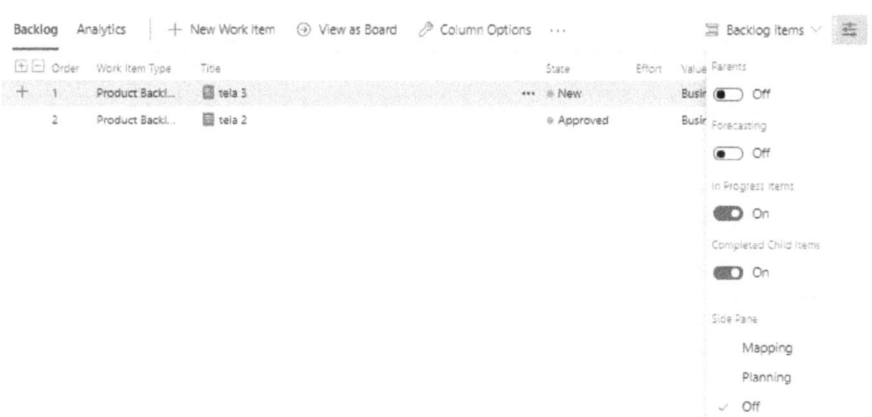

Figura 9.1. Opções de visualização.
Fonte: versão de janeiro de 2021 do Azure DevOps Nuvem[4]. Autorizada pela Microsoft.

Ordenando e refinando itens do *backlog*

Após itens criados, será possível reordená-los conforme a priorização. Para reordenar ou priorizar os seus itens de trabalho, basta arrastar para a ordem desejada ou

[4] Figuras mais atualizadas podem ser consultadas no nosso projeto público e colaborativo: <https://dev.azure.com/jornadaazuredevops/>.

selecionar a tecla ALT + seta para cima ou para baixo. Quanto mais detalhado o seu item estiver, mais claro e prático o item se tornará, facilitando a execução da equipe.

É necessário entender o objetivo da tarefa para então identificar a melhor descrição – esta precisa alcançar o entendimento de todos da equipe. Também será preciso definir critérios de aceitação para que a tarefa seja executada, garantindo que a expectativa do cliente seja atendida.

Os itens, então, podem ser arrastados para a *Sprint* em que deseja executá-los ou a *Sprint* pode ser incluída no campo "Iteration" do próprio *work item*. Quando um item ficar extenso demais ou não for claro o suficiente, convém que sejam quebrados em itens menores e mais executáveis, para facilitar a sua elaboração.

Técnicas como PBB[5], por exemplo, podem ser utilizadas para buscar melhor entendimento e quebra das tarefas. Assim a sua *Sprint* será criada e as descrições e definições permitirão que o planejamento do seu projeto flua, que as tarefas estimadas estejam coerentes com os esforços necessários, além de evitar que as tarefas fiquem impedidas futuramente por falta de objetividade.

Estimando os itens do *backlog*

Na área "Details" é possível avaliar o esforço das tarefas. O método *Agile* indica que os itens sejam avaliados conforme o tamanho do trabalho que o item gerará. Há métodos e extensões que podem ser utilizadas para auxiliar a equipe nessa atividade.

Durante a *Sprint Planning*, é possível que a equipe analise o *backlog* escolhido pelo *Product Owner* para inicialmente considerar os itens conforme tamanhos de T-shirts. Assim, selecionamos a tarefa considerada a menor, a mediana e a maior da *Sprint*. A partir disso, pode-se utilizar o Fibonacci para estimar as demais tarefas através da comparação com as tarefas separadas anteriormente.

Os *work items* podem ser votados por toda a equipe através de extensões de estimativa integrada e disponíveis para sua organização e projeto. Ou a pontuação pode ser escrita no campo "Effort", após votação e alinhamento durante a cerimônia da equipe.

---

[5] *Product Backlog Building.*

Planejando a *Sprint*

Acesse o seu projeto e selecione o item "Backlogs" da aba "Boards". Podemos começar com a definição de datas da sua *Sprint* ao clicar no item "Set Dates" da aba "Sprints", onde será possível determinar o nome da primeira iteração bem como datas de início e fim. Após a definição, salve e feche.

Os itens do *backlog* também poderão ser priorizados conforme definição da equipe com o *Product Owner*. E poderão ser arrastados direto do *backlog* para a *Sprint* atual a ser considerada. As suas *Sprints* poderão ser criadas e configuradas assim que o seu projeto for criado ou ao longo do desenvolvimento do projeto, antes do planejamento. Note que a contagem de tarefas da *Sprint* será alterada a cada item incluído ou retirado.

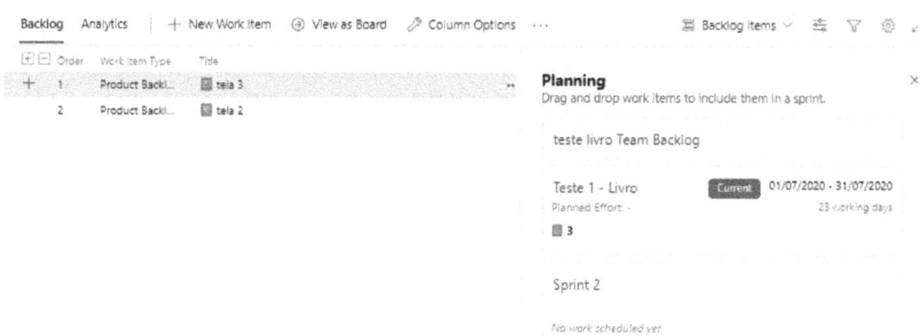

Figura 9.2. Do *backlog* para a *Sprint*.
Fonte: versão de janeiro de 2021 do Azure DevOps Nuvem. Autorizada pela Microsoft.

Também é possível ajustar o nome e as datas de todas as *Sprints* através da seção "Project Settings" do seu projeto. Escolha a opção "Project Configuration". Clique em "..." e uma aba com opções irá aparecer. Selecione "Edit" e a mesma aba para edição da *Sprint* irá aparecer.

10. Monitoramento de projetos com *Scrum*

Juliana Barros
Analia Irigoyen

Os momentos de monitoramento, que na agilidade chamamos de inspeção e adaptação, são:

- ✓ ***Daily meetings*** – Diariamente, ao longo da *Sprint*, a equipe faz uma breve reunião (normalmente de manhã), chamada *Daily Scrum*. O objetivo desta reunião é tornar visível o andamento das tarefas, identificar impedimentos e priorizar o trabalho do dia que se inicia.
- ✓ ***Sprint Review* e *Sprint Retrospective*** – Ao final de uma *Sprint*, a equipe apresenta o que foi produzido ao *Product Owner* em uma cerimônia chamada de *Sprint Review Meeting*. Finalmente, faz-se uma *Sprint Retrospective*, onde são discutidos os pontos de melhoria e as ações para a próxima *Sprint* (melhoria contínua).

Inspeção e adaptação no Azure DevOps

Assim como planejar, também é possível monitorar um projeto no Azure DevOps utilizando o *template* ou modelo de processo *Scrum*. Assim, organizamos as tarefas conforme desejado e de fato colocamos a mão na massa após a *Sprint Planning* do projeto.

Para começar, é possível obter mais visibilidade e acompanhar todo o progresso do(s) time(s) no projeto. Por exemplo, as cerimônias como *Dailys* ou *Reviews* podem ser realizadas através da aba "Board" e gráficos podem ser gerados através da aba "Dashboard".

Gerenciando o *board*

Assim que o seu projeto for criado, o seu *board* apresentará colunas já nomeadas como status "New – Approved – Committed – Done". Você poderá criar o seu status conforme desejar; para isso, basta clicar no símbolo de engrenagem (configurações) e acessar a opção "Columns". Lá será possível incluir novas colunas, excluir, ajustar a ordem ou trocar o nome delas. As únicas exceções são as colunas "New" e "Done", onde é possível alterar o nome, mas elas permanecerão sempre como primeira e última coluna do seu *board*.

Nesta mesma seção, será possível ajustar quais estados o seu *work item* vai obter automaticamente após ser incluído na nova coluna ou criar uma nova visualização dos tipos de trabalho, através de faixas horizontais que ficam separadas do *board*. Apresentamos um exemplo a seguir com a criação de *swimlanes*.

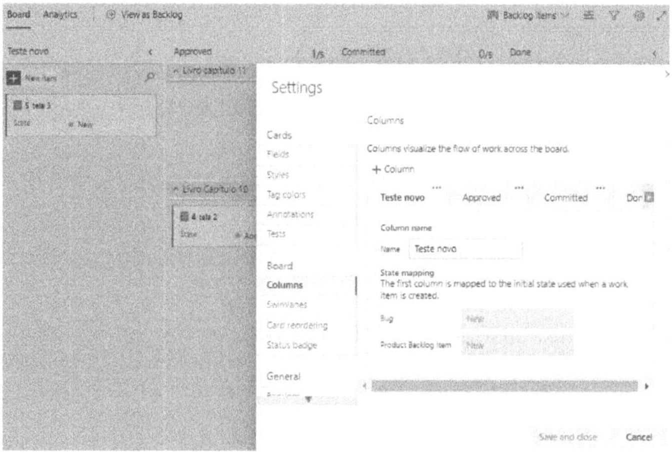

Figura 10.1. Configurando as colunas do *board*.
Fonte: versão de janeiro de 2021 do Azure DevOps Nuvem[6]. Autorizada pela Microsoft.

Agora é possível arrastar as tarefas entre as colunas e *swimlanes* conforme o time for desenvolvendo ao longo do projeto. Durante a *Daily*, por exemplo, a equipe pode acompanhar o estado de cada *work item* e suas tarefas, assim como movimentar as tarefas conforme o seu responsável atribuído indicar.

O *board* poderá ter contextos diferentes de acordo com a visualização por tipo de *work item*. A nossa visualização comum será através do tipo "Backlog items", porém será possível alterar para visualização de "Features" quando elas tiverem sido cadastradas no projeto. Também será possível filtrar as informações do *board* conforme o tipo de *work item* a quem está atribuída a área do seu projeto ou, até mesmo, por "tags" quando elas também forem criadas.

---

6 Figuras mais atualizadas podem ser consultadas no nosso projeto público e colaborativo: <https://dev.azure.com/jornadaazuredevops/>.

Ainda em boards, é possível acessar a aba "Analytics" para acompanhar o resumo das métricas de "CFD" (*Cumulative Flow Diagram*) e "Velocity".

O gráfico de CFD poderá considerar o período de 14 até 180 dias, a *swimlane* desejada e a quantidade de colunas a serem avaliadas. Após o gráfico ser gerado, é possível passar o mouse no dia desejado e visualizar a quantidade de *work items* que estava em determinado estado, conforme indicado.

Será possível interagir com o gráfico de "Velocity" considerando a contagem ou soma dos itens e o número de iterações. As informações a serem analisadas levarão em consideração os seguintes status:

✓ **Planejado:** com base na quantidade de trabalho que foi indicada para determinada *Sprint*.
✓ **Concluído:** com base no que foi concluído dentro do tempo limite planejado para a *Sprint*.
✓ **Concluído com atraso:** com base no que foi concluído posteriormente à data limite planejada.
✓ **Incompleto:** com base no que foi definido e ainda não concluído.

Adicionando *dashboards*

Vamos começar configurando os gráficos de acompanhamento através da aba "Dashboard", onde será possível criar *widgets* contendo várias informações, contagens, painéis e gráficos que ilustram e auxiliam em tempo real o monitoramento do seu projeto.

Selecione o *dashboard* a ser ajustado clicando em "Dashboard" e busque na seta qual *dashboard* deseja acessar (quando houver mais de um). No item "+ New Dashboard" será possível criar um novo ou favoritar algum *dashboard* clicando no símbolo da estrela. Clique em "Add a widget" e procure o tipo de *widget* que deseja incluir. Há várias opções disponíveis, como, por exemplo: *Burndown*, CFD (*Cumulative Flow Diagram*), *Velocity*, *Cycle time*, etc. Após buscar o gráfico desejado, selecione e arraste para a área do *dashboard* desejado.

Vamos configurar um gráfico juntos como exemplo. Selecione o gráfico de CFD; ele poderá ajudar a equipe a monitorar a contagem de itens de trabalho na medida em que avançam em diferentes estados do fluxo de trabalho. Clique no símbolo da engrenagem e ajuste as informações a serem configuradas no projeto:

- ✓ ***Title***: altere o nome do gráfico.
- ✓ ***Width* e *Height***: ajuste a altura e a largura que o *widget* ocupará na visualização do quadro.
- ✓ ***Team***: selecione qual time o gráfico irá considerar ao captar os dados dos *work items*.
- ✓ ***Backlog***: escolha qual tipo de *work item* o gráfico irá utilizar. Por *default* o seu projeto terá a opção de *Backlog Items* ou *Features*.
- ✓ ***Swimlane***: caso queira utilizar informações de apenas uma horizontal criada no *board*.
- ✓ ***Column***: quais estados dos *work items* serão considerados.
- ✓ ***Time period***: considerando dado de uma determinada quantidade de dias (180 no máximo) ou a partir de qual data o CFD será iniciado.
- ✓ ***Color***: escolha a cor de visualização dos itens.

Figura 10.2. Configurando a *widget* de CFD.
Fonte: versão de janeiro de 2021 do Azure DevOps Nuvem. Autorizada pela Microsoft.

Encerrando o ciclo de desenvolvimento

Após planejamento e execução da *Sprint* e antes de iniciar uma nova, é comum e viável que a equipe avalie o desempenho do ciclo que se encerra e busque melhorias para que sejam executadas em uma próxima *Sprint*. Dessa forma, encerramos um ciclo e iniciamos outro testando melhorias e aprendendo sempre.

A *Sprint Retrospective* também pode ser realizada através do Azure DevOps, e para isso a própria ferramenta disponibiliza extensões. Você pode escolher a estratégia de retrospectiva que achar melhor e a que mais se adequar ao estilo de trabalho e disponibilidade da sua equipe.

Vamos exemplificar a seguir como podemos executar essa etapa através da extensão "Retrospective".

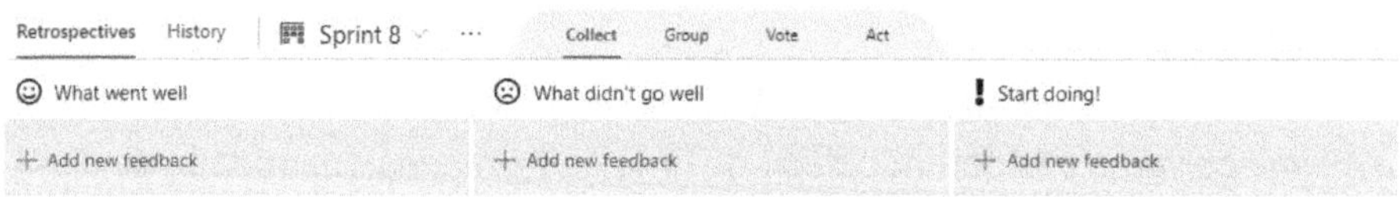

Figura 10.3. *Sprint Retrospective*.
Fonte: versão de janeiro de 2021 do Azure DevOps Nuvem. Autorizada pela Microsoft.

Essa é uma forma de encerrar o ciclo da *Sprint*, integrando toda a equipe mesmo remotamente. A ferramenta ajuda na coleta de dados, avaliando por exemplo o que fluiu bem na *Sprint*, o que não foi tão bem e o que é necessário iniciar já para a próxima *Sprint*.

Após a coleta de dados, é possível agrupar os que fazem parte do mesmo tema através da aba "Group". O time então poderá votar aos itens que considera mais importantes na aba "Vote" e esses itens serão priorizados. Enfim, na aba "Act" será possível criar novos *work items* de tarefas ou análises para o *backlog* do projeto. Assim o ciclo explicado anteriormente se reinicia e novas melhorias ou metodologias poderão ser acompanhadas pela equipe.

11. Planejamento de projetos com *Kanban*

Pedro Durão Romero
Analia Irigoyen
Juliana Barros

Da mesma forma que o *Scrum*, a abordagem *Kanban* também tem seus mitos e verdades. Os principais são:

- ✓ **O *Kanban* e *Scrum* são complementares.** Na verdade, o *Scrum* usa um quadro *kanban* com as opções "To Do", "Doing" e "Done". Logo, a utilização das duas abordagens já acontece e pode ser maximizada com a utilização de outros conceitos do *Kanban*.
- ✓ **O *Kanban* é vítima da Lei de Parkinson.** Argumenta-se que quanto mais tempo existe para executar algo, mais tempo irá demorar para esse algo ser concluído, e por isso a eficácia enquanto se executa o trabalho é primordial. É uma preocupação válida, mas como estamos sempre medindo (*cycle time*, *feedback* curto, entregas contínuas), o foco no controle é mantido, evitando que o time seja improdutivo.
- ✓ **Não existe o *timebox*.** Não existe essa exigência, mas deve ser utilizada sempre que o fluxo for otimizado.
- ✓ **Não existe estimativa.** Não existe essa exigência, mas deve ser utilizada sempre que apropriado e fizer sentido.
- ✓ **O *Kanban* substitui outras metodologias (*Crystal*, XP, FDD).** O *Kanban* pode ser utilizado com todas essas tecnologias e não substitui o *Scrum*, por exemplo.

O planejamento (fluxo) do *Kanban*

O fluxo no *Kanban* (Figura 7.1) deve seguir algumas premissas, como: mapear todo o fluxo de trabalho para realizar a entrega de um serviço ou projeto – ciclo de vida; mapear a cadeia de valor; focar no "todo"; gerar transparência; e possibilitar a identificação de desperdícios.

Kanban no Azure DevOps

O primeiro passo para começar o planejamento e posterior utilização do *Kanban* é entender como funciona o processo *Agile* dentro do Azure DevOps. Os processos ditam como e com quais *work items* (*User Story*, *Features*, *Bugs* etc.) e status (*New*, *Active*, *Closed* etc.) trabalharemos.

Dentro do universo do processo *Agile*, temos os segmentos de *Test*, *Code Review*, *Feedback* e o *Backlog*. Para o planejamento, inicialmente, é importante entendermos a estrutura do *Backlog*, pois os outros segmentos serão abordados no desenvolvimento.

O *Backlog* segue a seguinte estrutura hierárquica:

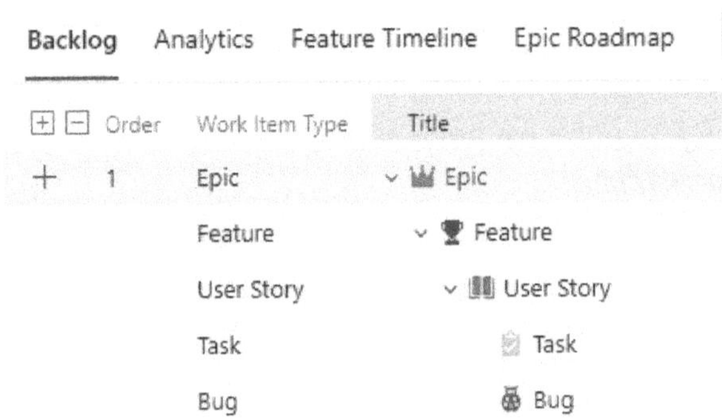

Figura 11.1. *Backlog* no Azure DevOps.
Fonte: versão de janeiro de 2021 do Azure DevOps Nuvem[7]. Autorizada pela Microsoft.

Os *Epics* e *Features* representam o foco do projeto, sendo os *Epics* representados por uma iniciativa de negócio a ser cumprida – por exemplo: aplicativo móvel do banco digital em iOS e as *Features* como aspectos que visam atender a esses *Epics* (ex.: implementar o módulo de *onboarding* do cliente). As *User Stories* são descrições das necessidades do ponto de vista do *Product Owner*, ou seja, o que será feito, e as *Tasks* são associadas às *User Stories* descrevendo como estas serão feitas.

Tendo esses conceitos estabelecidos, podemos começar o planejamento de fato. Existem algumas pré-configurações dentro do Azure DevOps que podem facilitar o andamento do projeto considerando as variações que podem acontecer em relação à diversidade de áreas da equipe e à quantidade de equipes também.

---

7 Figuras mais atualizadas podem ser consultadas no nosso projeto público e colaborativo: <https://dev.azure.com/jornadaazuredevops/>.

Dentro das opções de "Project settings", em "Teams", podemos criar times diferentes para o projeto. Como exemplo, podemos ter um time *mobile* e um *web* no mesmo projeto, que poderiam ser divididos caso não haja necessidade de trabalharem no mesmo *backlog/board*.

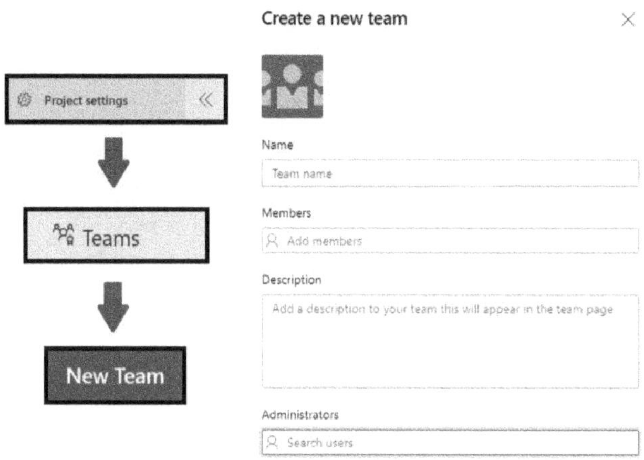

Figura 11.2. Criando times.
Fonte: versão de janeiro de 2021 do Azure DevOps Nuvem. Autorizada pela Microsoft.

Seguindo este exemplo de dois times sendo utilizados, podemos criar e configurar as *Sprints* (em "Project configuration") para cada um deles com suas respectivas datas de início e fim.

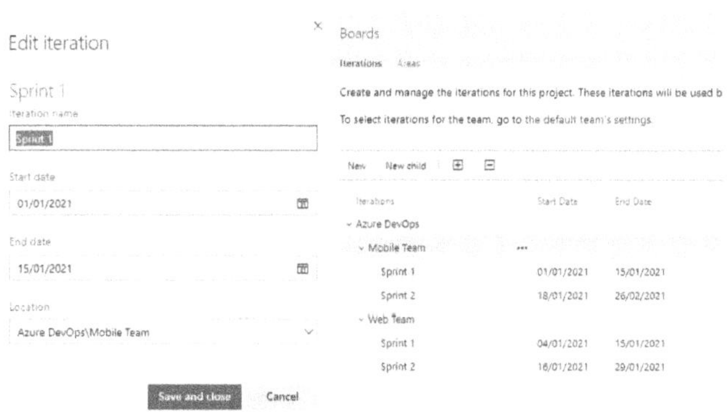

Figura 11.3. Criando *Sprints* para os times.
Fonte: versão de janeiro de 2021 do Azure DevOps Nuvem. Autorizada pela Microsoft.

Caso não exista necessidade de mais de um time/*backlog*, o usuário pode criar as *Sprints* em sequência puxando-as diretamente da iteração principal – no caso do exemplo, "Azure DevOps".

Com os times e as *Sprints* iniciais criadas, pode-se começar a criação dos *work items* dentro da aba de *backlog* (dentro da aba de *boards*). Fica a critério do usuário por onde ele deseja começar, mas se já existirem objetivos grandes o suficiente, é interessante começar pelos *Epics* e *Features* (conjuntos de *User Stories*), pois facilita a rastreabilidade dos *work items* posteriormente.

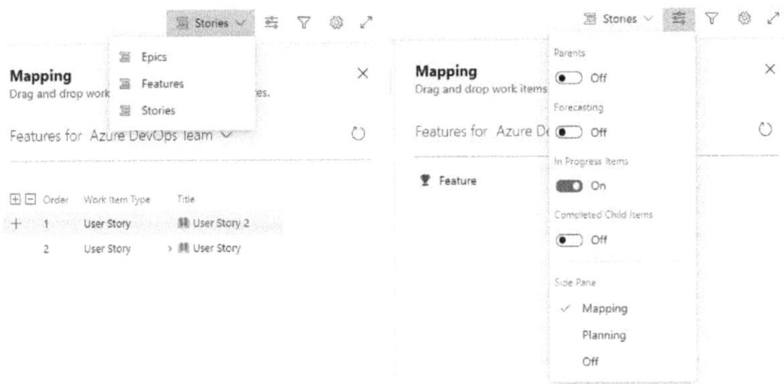

Figura 11.4. Associando *work items* no *backlog*.
Fonte: versão de janeiro de 2021 do Azure DevOps Nuvem. Autorizada pela Microsoft.

Dentro do *backlog* existem os contextos de *Epics*, *Features* e *User Stories* que podem ser trocados no canto direito. Para cada contexto, você pode criar o tipo de *work item*, ou seja, dentro do contexto de *User Story*, você pode criar as *User Stories*. Uma forma rápida para associar seus *work items* é através da opção de "Mapping", pois quando você está em um contexto o *Mapping* mostra no painel os *work items* de um nível acima. Dessa forma, é possível arrastar um ou mais *work items* para serem agrupados nesse nível superior hierárquico. Então podemos agrupar *User Stories* dentro de *Features* e *Features* dentro de *Epics*.

Após a organização dos *work items* dentro do *backlog*, o usuário tem duas opções: gerenciar o projeto pelo próprio *backlog* ou utilizar os *boards Kanban* que o Azure DevOps fornece. O *board* do Azure possui algumas vantagens de utilização: ele é bastante visual e facilita bastante o entendimento do andamento das tarefas que estão acontecendo na *Sprint* por parte do time. Da mesma forma, agiliza o processo de poder entrar em cada *work item* para o acréscimo de informações, estimativas ou apenas leitura. Além disso, é bastante simples mover os *work items* pelo *board* para as colunas desejadas e, para cada *Work Item*, criar *Tasks*, *Bugs* e *Tests*.

Para a utilização do *board* é importante saber os conceitos ligados ao status e à personalização do *kanban* para melhor adequá-lo aos objetivos do projeto.

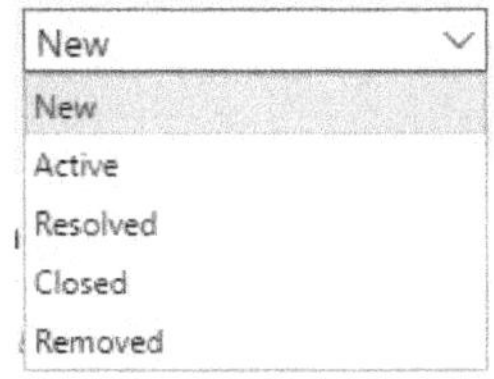

Figura 11.5. Tipos de status.
Fonte: versão de janeiro de 2021 do Azure DevOps Nuvem. Autorizada pela Microsoft.

Os status existentes são os apresentados na figura anterior: "New" são para *work items* que estão no *Sprint Backlog* e ainda não foram iniciados; "Active" são *work items* que já estão em andamento; "Resolved" são *work items* que já foram terminados mas precisam passar por uma revisão; e "Closed" são os *work items* encerrados. *Work items* em "Removed" são removidos do *backlog* geral do projeto, mas ainda podem ser encontrados na aba de "Work item".

Vale salientar que os *work items* podem voltar de qualquer estado (menos "Closed") para "New". Caso estejam em "Resolved" e tenham uma desaprovação, podem voltar para "Active", ou, em caso de aprovação, podem ser encerrados em "Closed".

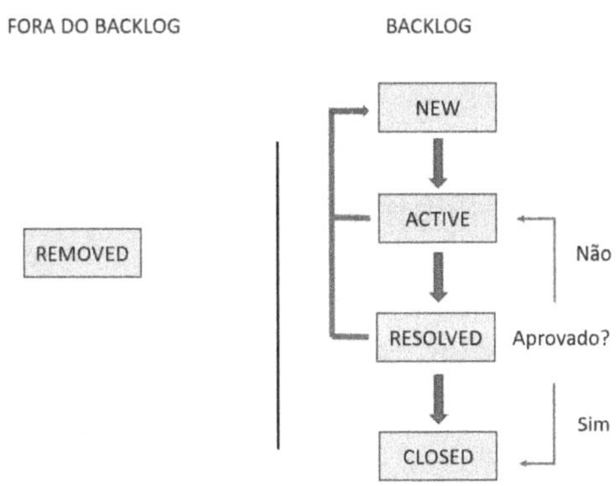

Figura 11.6. Fluxo de status.
Fonte: os autores.

Para cada coluna existente no *board* existe um status associado. Caso o usuário crie novas colunas para adaptar seu *Kanban*, ele precisa associá-las a um desses status existentes.

O *Kanban* do Azure DevOps oferece algumas possibilidades de personalização. Uma delas é a criação de novas colunas, e as outras opções encontram-se dentro da engrenagem de "Configure teams settings".

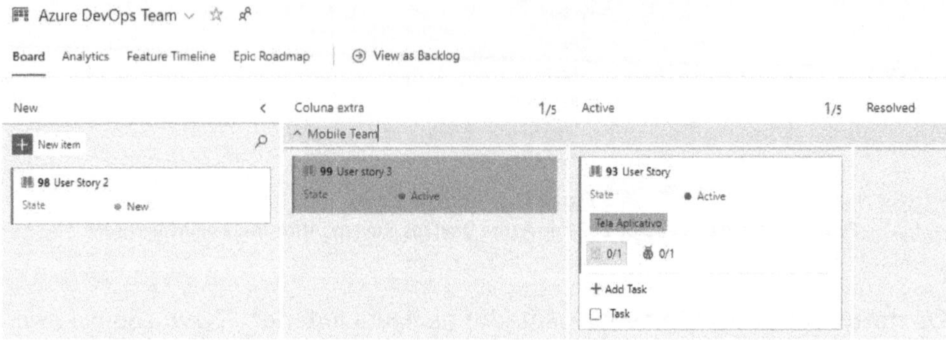

Figura 11.7. Utilizando o *Board*.
Fonte: versão de janeiro de 2021 do Azure DevOps Nuvem. Autorizada pela Microsoft.

Dentre essas configurações, pode-se estabelecer cores para as *tags* que são criadas dentro dos *work items*, regras específicas (ex.: trocar a cor de um *card*, dado seu nível de prioridade dentro da *User Story*), opções de *swimlanes* (dividir um único *board* em diferentes segmentos, como, por exemplo, times diferentes), limitar colunas a uma quantidade específica desejada de *work items*, diferentes formas de se trabalhar com prioridades (se um *card* for passado de uma coluna para outra, poderá seguir a escolha do usuário ou a prioridade prevista no *backlog*), entre outras opções gerais ligadas a dias de trabalho, escolha de formas de trabalho com *bugs* (dentro ou fora das *User Stories*) etc.

Uma outra configuração relevante referente ao monitoramento é o "WIP" (*Work In Progress*). Ele pode ser definido para cada coluna (que é associada a um status) ditando qual a quantidade *work items* que, em teoria, deveria ser o limite no qual a equipe deveria estar atuando para ter um progresso saudável durante a *Sprint*. O WIP não restringe a quantidade de *work items* em uma coluna, porém deixa explícito quando há um excesso, facilitando a análise sobre o que pode estar ocorrendo.

12. Monitoramento de projetos com *Kanban*

Pedro Durão Romero
Juliana Barros

Todos os processos base do Azure DevOps (*Agile*, CMMI e *Scrum*) possuem suporte para criação de gráficos, *widgets* e *dashboards*. Além disso, cada um desses *templates* também possui gráficos gerados automaticamente. Em "Boards", na opção "Analytics", pode-se observar um gráfico de *Cumulative Flow Diagram*.

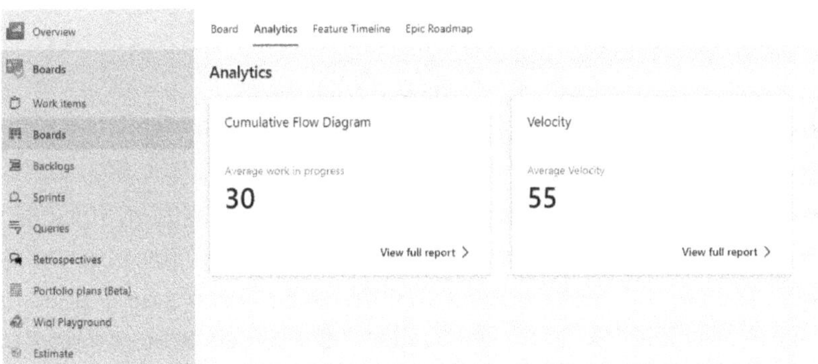

Figura 12.1. Analytics.
Fonte: versão de janeiro de 2021 do Azure DevOps Nuvem[8]. Autorizada pela Microsoft.

A utilização do sistema *kanban* junto ao processo *Agile* cria a possibilidade de utilização de métricas, indicadores e outros tipos de gráficos para monitoramento e extração de informações, que podem ser chave para tomada de decisão. Ao seguir com a utilização do *Kanban*, com tempo os *work items* passam a alimentar esses gráficos que necessitam da variação do tempo para começar a plotar os dados.

O local onde podem ser criados e configurados esses *widgets* (forma visual de exposição das informações) é o *Dashboard*. Ele possui as informações atualizadas em tempo real e é dividido em placas onde são encaixados os *widgets*.

---

[8] Figuras mais atualizadas podem ser consultadas no nosso projeto público e colaborativo: <https://dev.azure.com/jornadaazuredevops/>.

Em um projeto, podem existir *dashboards* diferentes de acordo com a quantidade de times que estejam criados. Por exemplo, em um projeto segmentado por um time *mobile* e outro *web*, podem existir dois *dashboards* que avaliam cada um dos times, não necessariamente com os mesmos *widgets*. Cada time pode ser avaliado de forma diferente de acordo com a necessidade.

Figura 12.2. *Dashboard* de um projeto.
Fonte: versão de janeiro de 2021 do Azure DevOps Nuvem. Autorizada pela Microsoft.

Ao clicar na opção de "Edit" no *Dashboard*, um painel com alguns tipos de *widgets* é mostrado. Alguns deles são bastante utilizados entre equipes que trabalham de forma ágil. Caso nenhum deles atenda ao objetivo do usuário, no final do painel de *widgets* existe um hiperlink "Extension Gallery" que direciona ao *marketplace*, onde existe uma gama maior de opções de escolha.

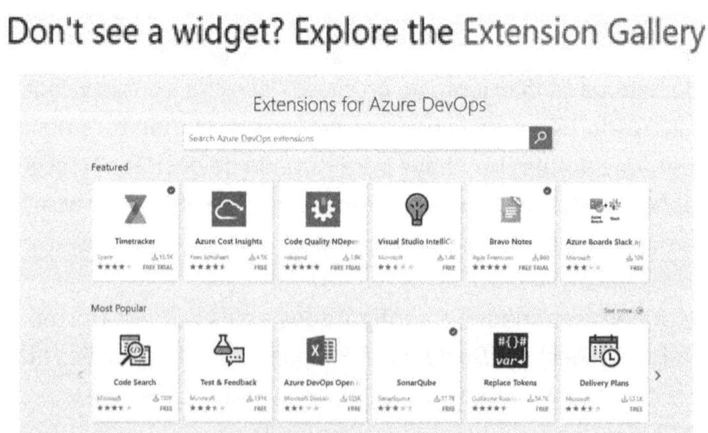

Figura 12.3. *Extension gallery*.
Fonte: versão de janeiro de 2021 do Azure DevOps Nuvem. Autorizada pela Microsoft.

Figura 12.4. Painel *widget*.
Fonte: versão de janeiro de 2021 do Azure DevOps Nuvem. Autorizada pela Microsoft.

Dentre os *widgets* que podem ser utilizados para monitorar o projeto, podemos destacar (todos estes estão incluídos como opção na coluna de "Edit" do *Dashboard*):

✓ ***Burndown*** – Utilizado como auxílio para facilitar o acompanhamento da equipe no projeto em relação aos *work items* que visam cumprir um objetivo dentro de um tempo definido (eixo X do gráfico, podendo ser definido por *Sprints*, por exemplo). O eixo Y do gráfico demonstra a quantidade de itens que devem ser fechados até uma determinada data. O gráfico pode ser configurado de diversas formas, o eixo Y pode ser formado pela soma de *story points* de uma *Sprint*, pode ser a soma de todos os *work items* da Sprint etc.

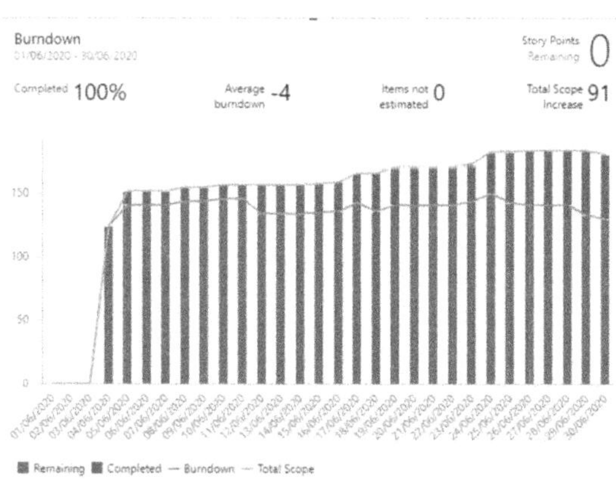

Figura 12.5. Gráfico *Burndown*.
Fonte: versão de janeiro de 2021 do Azure DevOps Nuvem. Autorizada pela Microsoft.

Velocity – Ajuda o time a determinar o quanto de trabalho pode selecionar durante as *Sprints*. O gráfico demonstra a diferença entre tarefas planejadas, completadas, completadas tarde e incompletas.

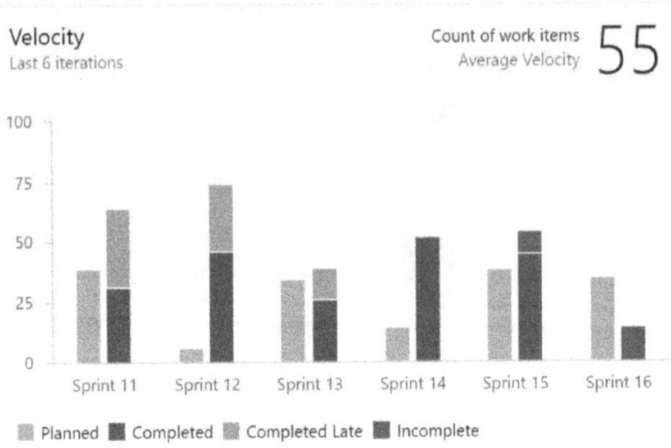

Figura 12.6. Gráfico *Velocity*.
Fonte: versão de janeiro de 2021 do Azure DevOps Nuvem. Autorizada pela Microsoft.

Lead Time – Tempo que um *work item* leva para ser finalizado, considerando desde o seu processo de criação até seu encerramento. Os retornos gerados pelo *Lead Time* demonstram variações na eficiência das entregas e identificam possíveis gargalos que estejam impactando negativamente o andamento das atividades. Quanto menor for o *Lead Time*, melhor para a equipe, pois significa que as atividades estão sendo fechadas em um tempo adequado.

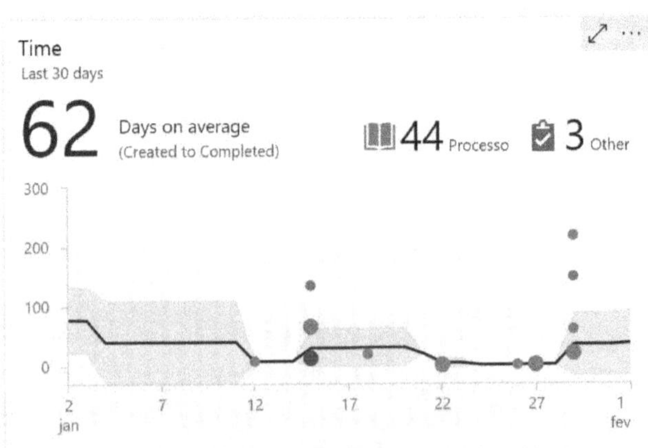

Figura 12.7. Gráfico *Lead Time*.
Fonte: versão de janeiro de 2021 do Azure DevOps Nuvem. Autorizada pela Microsoft.

Cycle Time – Tempo que um *work item* leva entre seu estado ativo e seu encerramento. Da mesma forma que o *Lead Time* descrito no tópico anterior, o *Cycle Time* possui os mesmos retornos e também é positivo para a equipe quanto menor for seu tempo. A diferença entre *Lead Time* e *Cycle Time* é quando cada um começa a contar: o *Lead Time* considera um tempo maior, pois vai desde a criação do *work item* até seu término, enquanto o *Cycle Time* é apenas contabilizado quando a tarefa é passada para um status ativo.

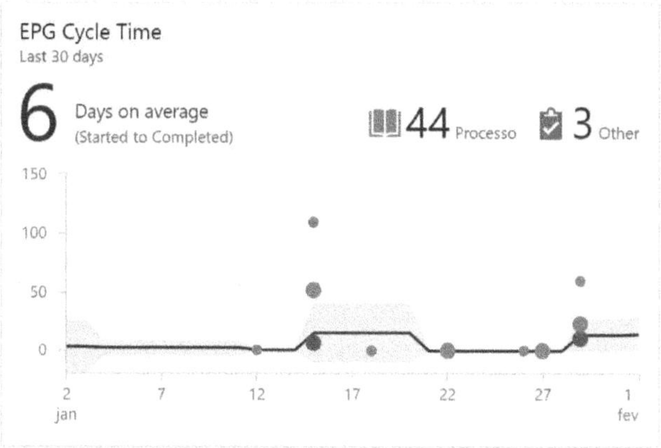

Figura 12.8. Gráfico *Cycle Time*.
Fonte: versão de janeiro de 2021 do Azure DevOps Nuvem. Autorizada pela Microsoft.

CFD – Demonstra a quantidade de *work items* por status (*new, closed* etc.) através do tempo.

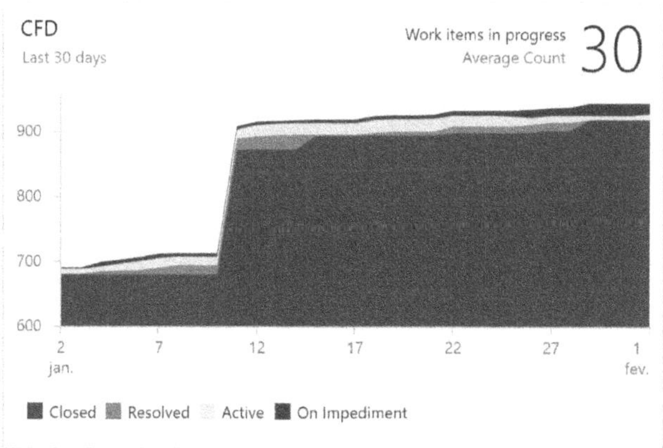

Figura 12.9. Gráfico CFD.
Fonte: versão de janeiro de 2021 do Azure DevOps Nuvem. Autorizada pela Microsoft.

Como complemento, vale lembrar que existe um *widget* chamado ***Query tile***, que faz uma contagem de quantos itens existem da *query* em que ele está sendo alimentado – por exemplo, ele pode demonstrar a quantidade de *bugs* existentes dentro do projeto e, ao clicar no *widget*, o usuário é redirecionado para a listagem da *query* que mostra os *bugs* e alguns campos padrão como ID, título, status, atribuição etc.

13. Gestão da capacidade

Rosana Teixeira de Almeida Nitta
Marina Alckmin

A gestão da capacidade é um assunto desafiador para o líder, porque normalmente a capacidade está diretamente relacionada à eficiência, à produtividade e ao custo nos projetos.

O ROI (Retorno sobre o Investimento) ou *Business Case* são os nomes dados ao marco principal para paralisação ou investimento em um projeto. Dessa forma, administrar a capacidade passa a ser um determinante para o sucesso da relação "esforço *versus* resultado" e deve estar diretamente relacionado a um prazo que traga o retorno esperado para o negócio.

Muitas vezes gerimos a capacidade sem o auxílio de nenhum tipo de métrica, temos a real visão do esforço realizado, mas não conseguimos avaliar a relação direta entre o esforço proposto e a capacidade produtiva do time para entrega do resultado no prazo acordado.

O Azure DevOps possui um recurso chamado "capacity" onde é possível planejar a capacidade real do seu time. Para que isso seja possível é necessário que você já tenha configurado alguns passos anteriores, tais como:

- ✓ Seleção da metodologia ou tipo de processo, cujas características já foram detalhadas no Capítulo 8 deste livro.
- ✓ Criação do projeto.
- ✓ Configuração dos membros do time.
- ✓ Criação do *backlog*.

Com todos os pré-requisitos realizados, vamos para a parte prática do uso deste recurso.

Independentemente do "work item process" selecionado (*Basic*, *Agile*, *Scrum*, CMMI), a opção de *capacity* estará localizada seguindo o mesmo passo a passo a seguir.

a) Dentro da sessão "boards", selecione a opção "Sprint".
b) Dentro da "Sprint", selecione o time para o qual deseja configurar o "capacity".

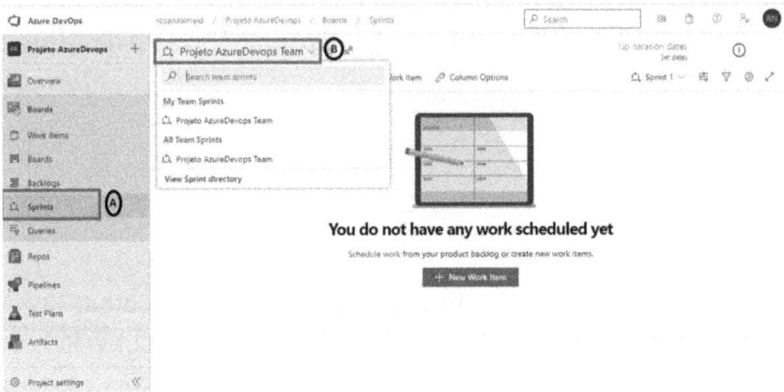

Figura 13.1. Seleção de *Sprint* e Time – Azure Boards.
Fonte: versão agosto de 2020 do Azure DevOps Nuvem[9]. Autorizada pela Microsoft.

c) Selecione a opção "Capacity".

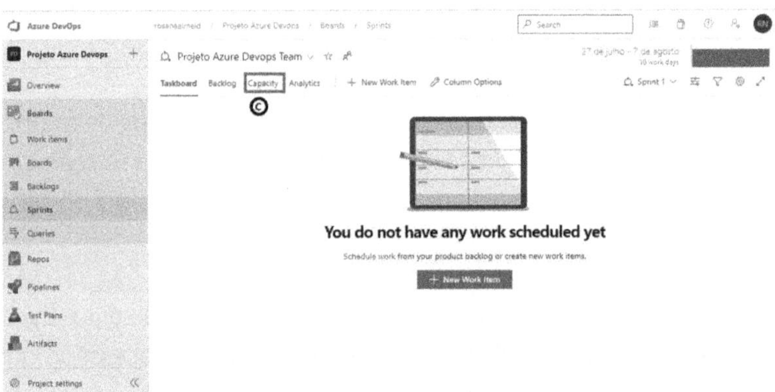

Figura 13.2. Seleção de capacidade do time.
Fonte: versão de agosto de 2020 do Azure DevOps Nuvem. Autorizada pela Microsoft.

d) Selecione a opção "+add user". Uma janela exibirá a pesquisa do "user".
e) Digite nome e login do "user" que deseja associar e clique no botão "Search".

---

[9] Figuras mais atualizadas podem ser consultadas no nosso projeto público e colaborativo: <https://dev.azure.com/jornadaazuredevops/>.

Figura 13.3. Cadastro dos usuários.
Fonte: versão de agosto de 2020 do Azure DevOps Nuvem. Autorizada pela Microsoft.

f) Após localizar o "user" que deseja adicionar, clique no botão "Add user". Adicione todos os membros da equipe que farão parte desta interação.

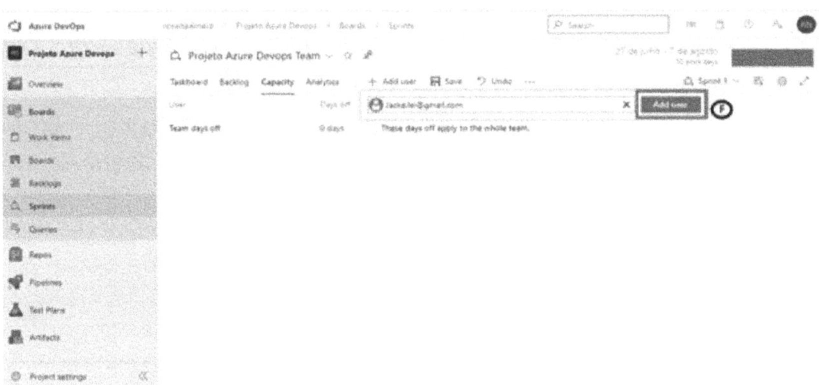

Figura 13.4. Inclusão dos usuários.
Fonte: versão de agosto de 2020 do Azure DevOps Nuvem. Autorizada pela Microsoft.

Agora que todos os membros foram adicionados, vamos associar a capacidade real.

A capacidade real está relacionada ao tempo verdadeiramente produtivo usado para executar uma tarefa. É uma informação importante baseada na atual economia criativa.

Este é um ponto a ser discutido entre os membros da equipe, pois, de acordo com um fenômeno chamado *ultradian rhythm*, ou ciclo de descanso-atividade básico, o cérebro só consegue se concentrar por 90 minutos sem precisar de uma pausa. Depois disso, é necessário um intervalo de 5 a 10 minutos para relaxar e alcançar uma boa performance na próxima atividade (UNIVERSIA, 2013).

Por exemplo, em uma carga horária de oito horas, quantas horas produtivas teremos se descontarmos todas as possíveis paradas necessárias durante o dia? Esse tempo muda de empresa para empresa, mas é um ponto importante a ser considerado para que possamos criar projeções mais reais do nosso dia a dia.

g) Coloque a capacidade diária para cada membro da equipe.

Figura 13.5. Capacidade dos usuários.
Fonte: versão de agosto de 2020 do Azure DevOps Nuvem. Autorizada pela Microsoft.

É possível gerenciar a capacidade para tipos diferentes de atividades executadas por um mesmo membro do projeto.

h) Ao lado da caixa destacada, há três pontos que abrirão a opção de adicionar novas atividades.

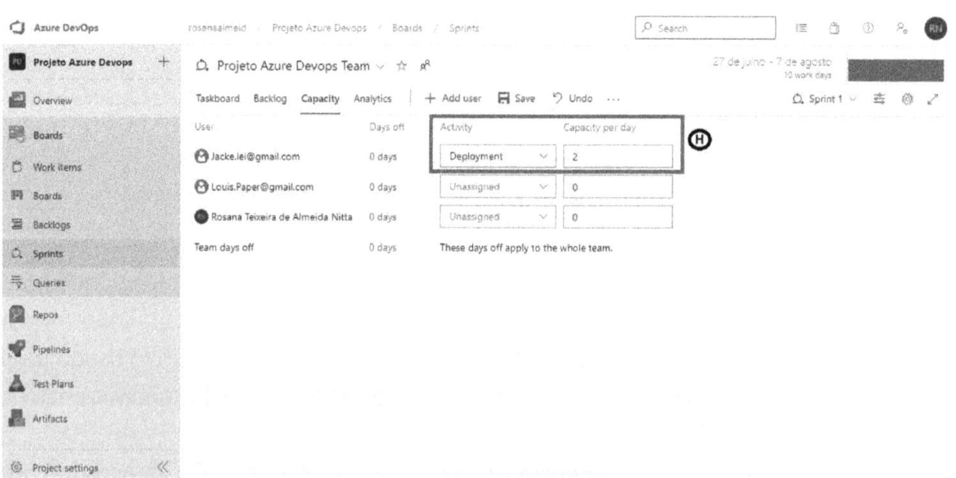

Figura 13.6. Cadastro de atividades.
Fonte: versão de agosto de 2020 do Azure DevOps Nuvem. Autorizada pela Microsoft.

Outro ponto importante para entender a real capacidade é considerar a variação do horário de trabalho entre os membros da equipe, tais como: feriados, férias, faltas, afastamentos e dias não úteis. Esse tempo pode variar a cada novo ciclo ou *Sprint* do seu projeto.

i) Clique na opção "days" para cadastrar um *day off* para um membro da equipe ou a opção "team days off" para cadastrar para todos os membros do projeto.

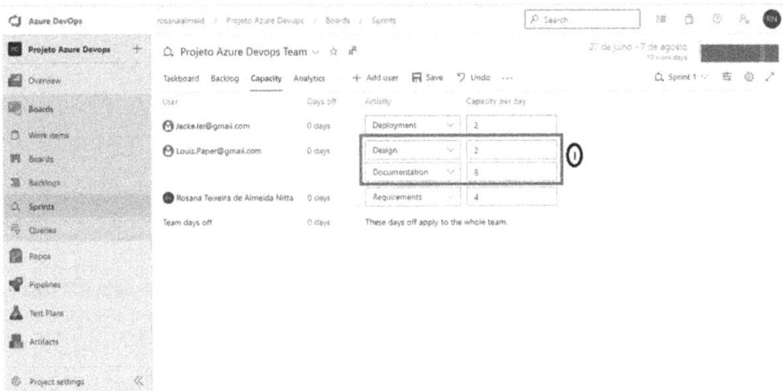

Figura 13.7. Cadastro de *days off*.
Fonte: versão de agosto de 2020 do Azure DevOps Nuvem. Autorizada pela Microsoft.

j) Cadastre o período de início e fim do "day off". Você pode adicionar mais de um período clicando em "+Add additional days off".

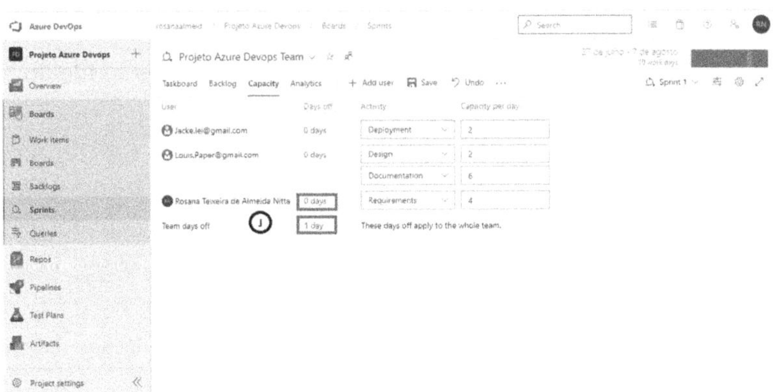

Figura 13.8. Cadastro de período de *day off*.
Fonte: versão de agosto de 2020 do Azure DevOps Nuvem. Autorizada pela Microsoft.

k) Selecione a opção "work details" para exibir a distribuição de capacidade por tipo de atividade ou por alocação dos recursos por atividade.

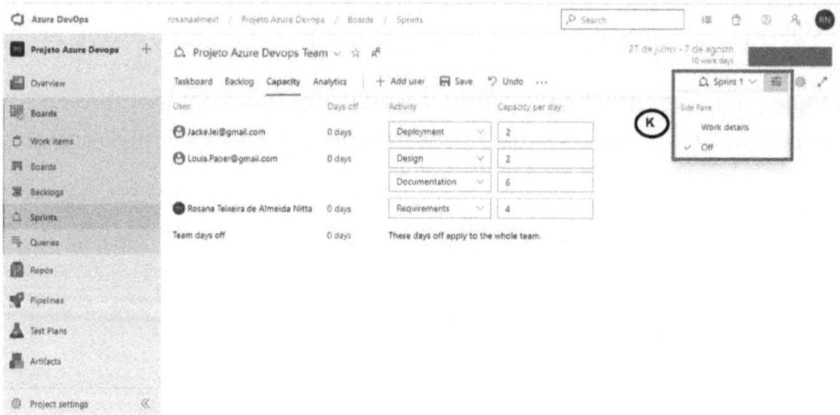

Figura 13.9. Opção *work details*.
Fonte: versão de agosto de 2020 do Azure DevOps Nuvem. Autorizada pela Microsoft.

Este recurso traz um ganho em termos de uso, porque o ajuda a garantir que sua equipe não estará comprometida com mais horas que o tempo planejado para executar as *tasks* necessárias para entrega do seu *product backlog*.

Importante ressaltar que será necessário que cada membro do time, ao final de cada dia, atualize o "remaining work" para que você possa realmente avaliar o andamento do projeto diariamente.

O intuito deste passo é proporcionar maior gestão sobre a capacidade do time para antecipar atrasos referentes ao caminho crítico da *Sprint*.

Outro recurso bastante interessante que você pode utilizar a cada nova *Sprint* é adicionar todos os membros da *Sprint* anterior ou copiar o *capacity* que foi configurado com apenas dois cliques. Isso facilitará a sua gestão a cada *Sprint*.

l) Clique em "..." e selecione a opção "add all team members" ou "copy from last sprint".

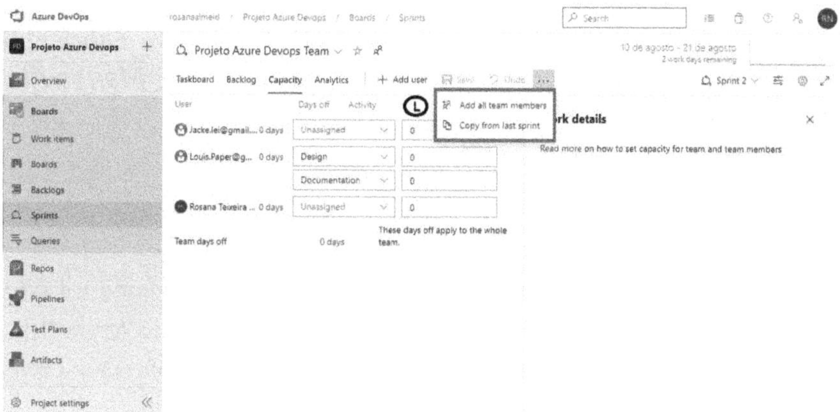

Figura 13.10. Opção copiar da Sprint.
Fonte: versão de agosto de 2020 do Azure DevOps Nuvem. Autorizada pela Microsoft.

Lembre-se: todos da equipe precisam estar engajados com a real intenção do uso deste recurso, que não é um *time sheet* e sim uma ferramenta para descobrir as horas de ouro que darão o melhor aproveitamento em relação à produtividade do time.

14. Documentação de projeto (wiki)

Fabrício Gama
Marina Alckmin

Projeto bom é um projeto documentado. Com isso em mente, podemos utilizar a Wiki para a criação e manutenção de tal artefato do projeto. A Wiki no Azure DevOps é um local onde todos os membros do time podem consultar e contribuir com informações do projeto.

Ao criar uma wiki do zero, automaticamente um repositório Git é criado para armazenamento de arquivos, imagens, anexos e todas as páginas. Além disso, é possível publicar repositórios Git já existentes para uma wiki através da funcionalidade "publicar como wiki". Esse é um recurso muito interessante, tendo em vista que muitos times documentam seus códigos ao fazer *check-in*. Porém, se a documentação do projeto ficar limitada a isso, ela acaba ficando carente de estrutura e organização das informações, dificultando a leitura e busca de seus conteúdos. Com a funcionalidade de "publicar como wiki", esse trabalho é otimizado através de um sistema de hierarquia de páginas e versionamento do conteúdo, além de permitir associação ao seu código no Git.

A Wiki do Azure DevOps utiliza o formato *markdown*; com isso, a experiência de uso é muito mais intuitiva e rica, sendo possível utilizarmos formatação de texto como negrito, itálico, sublinhado, aumentar e diminuir fonte, incluir listas com marcadores ou números, incluir imagens, vídeos, links externos etc. Tudo para facilitar o seu dia a dia de uso da ferramenta.

Outro recurso interessante é que podemos incluir links internos. Imagine associar aquela parte da documentação que você está escrevendo diretamente a algumas *User Stories* ou *bugs* que foram corrigidos? Também é possível fazer essa associação a outros *work items* (exemplo: *epics*, *tasks*, *issues*, etc.), deixando a documentação do seu projeto bem amarrada e estruturada, o que facilita a busca de informação por todos os membros do time. Para realizar a associação, basta adicionar # seguido do número do identificador único do *work item*. Não lembra o ID? Não tem problema!

O Azure DevOps vai sugerir alguns para você, e conforme for digitando já vai sendo realizado um filtro.

Na wiki do Azure DevOps é possível também mencionar um membro do time ou incluir o resultado de *queries*. Para isso, basta adicionar "@" seguido do nome do membro do time na inclusão de membro ou usar a opção no menu na edição de uma página para inclusão de resultado de *queries*.

A Microsoft deixa uma sugestão de estrutura de arquivos *ReadMe*, mas que pode ser adaptada para páginas para a sua wiki, que replicamos aqui a seguir (MICROSOFT, 2020).

- ✓ Foco do projeto
- ✓ Pré-requisitos
- ✓ Configurando o ambiente
- ✓ Dicas para fazer as coisas dentro do projeto
- ✓ Finalidade ou uso de arquivos específicos
- ✓ Termos e acrônimos específicos do projeto
- ✓ Orientação de fluxo de trabalho sobre como confirmar ou fazer *upload* de alterações e adicionar *branches*
- ✓ Patrocinadores ou contatos do projeto

PARTE III. REPOSITÓRIO

Nesta parte exploraremos os principais conceitos que envolvem os repositórios no Azure DevOps, incluindo o conceito de controle de versão, Azure Repos e uma discussão super interessante sobre "estratégias de *branching*", inclusive o GitFlow.

15. Controle de versão

Marina Alckmin
Marcelo Nascimento Costa
Analia Irigoyen

Introdução – O que é um controle de versão?

Sistema de controle de versão é um software que registra alterações nos arquivos nele armazenados, os responsáveis por essas alterações e o momento em que essas alterações foram feitas. Com isso é possível voltar a versões antigas do arquivo ou até fazer comparações entre elas.

Além de manter a rastreabilidade das alterações, esse controle possibilita que vários desenvolvedores trabalhem em paralelo sobre os mesmos arquivos, diminuindo o risco de sobreposição, auxiliando na mesclagem das versões e dando suporte à revisão de código.

Originalmente, o controle de versão era mais utilizado por desenvolvedores apenas para o registro de versão de código-fonte e documentação do projeto, porém, com o avanço das práticas *DevOps*, os versionadores se tornaram uma ferramenta essencial para todos os envolvidos no fluxo de valor, desde desenvolvedores, QAs, equipe de segurança até equipe de operações, que deverão versionar os *scripts* de criação de ambientes.

Com a inclusão de todos os artefatos em um repositório único, nosso controle de versão nos dará a capacidade de recriar de maneira rápida, confiável e ilimitada todo o nosso sistema.

Consulte na Tabela 15.1 um comparativo entre o que deve e o que não deve ser armazenado no controle de versão.

Tabela 15.1. Artefatos no controle de versão.
Fonte: os autores.

Artefatos que devem ser armazenados no controle de versão	Artefatos que não devem ser armazenados no controle de versão
Código-fonte da aplicação.	Executáveis do programa compilado.
Tutoriais e padrões.	*Backlog* do produto.
Ferramentas do *pipeline* de IC/DC.	Solicitação de mudança.
Artefatos dos testes automatizados.	Resultado de testes.
Scripts de criação automática dos ambientes.	Conteúdo do banco de dados.
Arquivos de configuração de nuvem.	Plano de testes.
Documentação do projeto (requisitos, procedimentos de implantação, notas de *release*).	

Principais conceitos de um controle de versão

Para entendermos as diferenças entre os controles de versões disponíveis no mercado e sabermos o que melhor se adequa à nossa necessidade é importante entendermos alguns conceitos:

✓ **Controle de versão centralizado** – Segue a topologia estrela, trabalhando na arquitetura cliente servidor. Todos os arquivos são armazenados em um servidor central e qualquer necessidade de comunicação passa necessariamente por esse repositório central. Por ter essa necessidade de um servidor central, suas maiores desvantagens são ter um SPF (*Single Point of Failure*) e ser suscetível a performance e indisponibilidades. Um exemplo de controlador de versão largamente utilizado com essa característica é o Subversion.

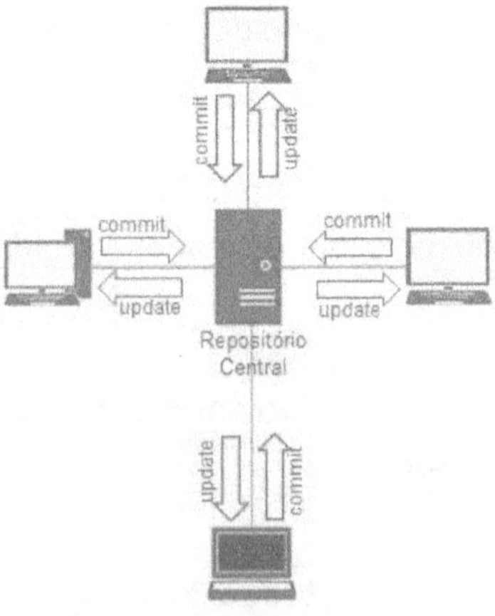

Figura 15.1. Controle de versão centralizado.
Fonte: os autores.

No controle de versão centralizado há um único repositório no servidor (chamado repositório central) e várias cópias dos artefatos nos terminais remotos que se comunicam apenas com o servidor. A comunicação com o repositório central acontece através dos comandos *commit* (envia para o repositório central) e *update* (recebe atualização do repositório central).

- ✓ **Controle de versão distribuído** – Cada desenvolvedor mantém em sua máquina local uma cópia completa do repositório acoplada a sua área de trabalho. Essa característica acaba diminuindo o impacto de falhas ou lentidão de comunicação, principalmente quando temos times geograficamente distribuídos.

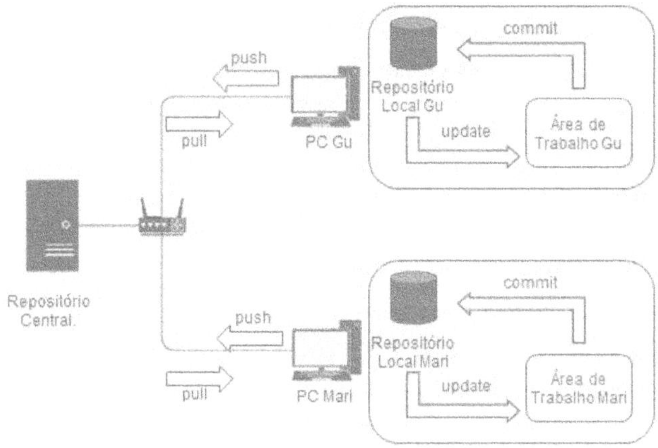

Figura 15.2. Controle de versão distribuído.
Fonte: os autores.

A comunicação entre o repositório local e a área de trabalho é feita através dos comandos *commit* (envia para o repositório local) e *update* (recebe atualização do repositório local).

Pela arquitetura dessa solução, um repositório pode se comunicar com qualquer outro repositório através dos comandos *pull* e *push*. Na prática, continuamos a ter um repositório central de forma que as atualizações fiquem concentradas nele, que normalmente é um servidor adequadamente dimensionado para essa atividade.

- ✓ **Comando *pull* (puxar)** – Atualiza o repositório local (destino) com todas as alterações feitas em outro repositório (origem).
- ✓ **Comando *push* (empurrar)** – Envia as alterações do repositório local (origem) para um outro repositório (destino).

Evolução dos softwares controladores de versão

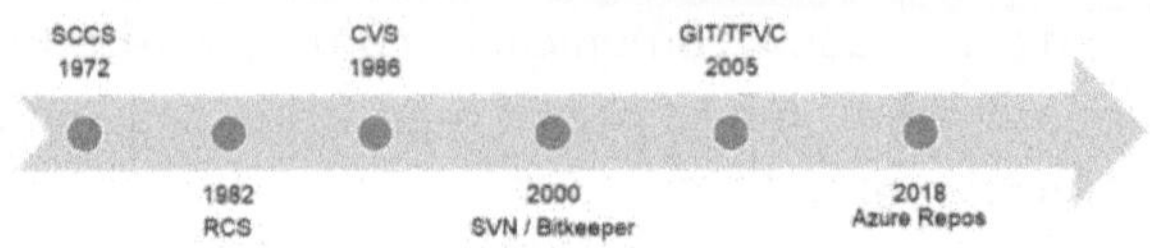

Figura 15.3. *Timeline* com os principais controladores de versão.
Fonte: os autores.

- ✓ **SCCS (*Source Code Control System*)** – Criado em 1972, apenas um desenvolvedor poderia estar editando o arquivo por vez, pois o sistema fazia o gerenciamento dos desenvolvimentos simultâneos por bloqueio de arquivo. Mesmo com essa limitação, já foi possível ter melhorias no processo de mesclagem e não era mais necessário fazer o controle manual das versões dos arquivos salvando-as no disco.
- ✓ **RCS (*Revision Control System*)** – Foi lançado em 1982, como uma evolução do SCCS. Trabalha somente com arquivos individuais. Suas melhorias incluem uma interface mais amigável e melhoria na performance de armazenamento do arquivo, uma vez que ele salva a cópia completa apenas da última versão e das anteriores salva apenas o delta com o arquivo mais recente.
- ✓ **CVS (*Concurrent Version System*)** – Utiliza a arquitetura cliente servidor e foi o primeiro software de controle de versão com o conceito de trabalho colaborativo no mesmo artefato via repositório remoto.
- ✓ **SVN (*Apache Subversion*)** – Muito utilizado a partir dos anos 2000, assim como o CVS, tem sua arquitetura baseada em cliente servidor e permite o trabalho colaborativo no mesmo artefato. Ele é um sistema de controle de versão centralizado, porém, diferentemente do CVS, ele rastreia o histórico de diretório, ou seja, a mudança no seu diretório como um todo e não somente em cima do artefato.
- ✓ **Bitkeeper SCM** – Ferramenta proprietária, de código fechado, muito difundida nos anos 2000, principalmente porque sua versão gratuita foi utilizada na gerência do código-fonte do *kernel* do Linux durante muitos anos. Ele é o precursor do Git e dos controladores de versão distribuídos.
- ✓ **Git** – Em 2005, quando o Bitkeeper deixou de ofertar gratuitamente a versão *community*, Linus Torvard analisou várias ferramentas do mercado e não encontrou nenhuma que fosse capaz de substituir o Bitkeeper. Decidiu assim criar o seu próprio controle de versão distribuído dando o nome de Git.
- ✓ **TFVC** – Lançado em 2005 pela Microsoft, o TFVC é um controle de versão centralizado, onde o time tem apenas uma versão do arquivo nas máquinas

locais. O histórico dos arquivos é armazenado somente no servidor. É um dos tipos de controle de versão suportados pelo Azure DevOps.

✓ **Azure Repos** – No começo do ano de 2019 a Microsoft incorporou ao Azure DevOps uma área única para controle de versão, nomeado como Azure Repos. O Azure Repos disponibiliza dois tipos de controle de versão: o Git (controle de versão distribuído) e o TFVC (controle de versão centralizado).

No Azure DevOps, atualmente, o controlador de versão padrão do Azure Repos é o Git. Portanto, durante a criação de um repositório, a opção *default* é o Git. Analisando a evolução das últimas versões, a tendência do Azure DevOps é permitir que, através da interface gráfica, mais comandos possam ser executados nos repositórios do Git.

Outro ponto investido pela Microsoft é a adição de uma interface mais poderosa para a ferramenta de desenvolvimento Visual Studio acessar os repositórios armazenados no Azure DevOps. Dessa forma, tenta-se facilitar o uso dos comandos Git por desenvolvedores menos experientes.

16. Estratégia de *branches*

Bruno Dulcetti
Marina Alckmin
Willow Cavalheiro Chung
Marcelo Nascimento Costa
Analia Irigoyen
Bruno Jardim

O desenvolvimento no *trunk* é a boa prática mais indicada para quem está trabalhando com *DevOps* (KIM et al, 2016), já que favorece a produtividade coletiva e a integração contínua. Mas é sabido que essa prática requer muita maturidade cultural e técnica da equipe de desenvolvedores. Além disso, existem algumas restrições organizacionais e contextos (múltiplos times trabalhando no mesmo código, desenvolvimento terceirizado, atendimento de normas ou legislação) que dificultam a implementação dessa prática em todos os times e ambientes organizacionais. Nesse sentido, a maior parte dos times trabalha com o conceito de "branches" e "hotfixes".

A estratégia de *branches* orquestra o desenvolvimento de forma paralela, permitindo que os desenvolvedores trabalhem em tarefas simultaneamente. Mas à medida que os projetos e os times crescem, trabalhar em paralelo se torna uma atividade mais complexa. Essa estratégia ajudará os times de desenvolvimento a trabalhar paralelamente, coordenando as alterações do código-fonte compartilhado entre os times do projeto.

Antes de passar para os resumos dos casos discutidos nesse *podcast* super divertido com técnicos que já aprenderam bastante sobre *branches* e *trunk/master* (lições aprendidas e dificuldades), vamos descrever a seguir algumas definições básicas de gerenciamento de configuração:

- ✓ ***Baseline*** **–** Conjunto de produtos de trabalho considerados itens de configuração que foram revisados e aprovados, utilizados como base em futuras etapas de desenvolvimento e que só podem ser modificados segundo os procedimentos estabelecidos de controle de mudança.
- ✓ ***Baseline*** **candidata –** *Baseline* intermediária submetida aos devidos níveis de aprovação, através dos quais é promovida à *baseline* aprovada.

- ✓ **Gerência de Configuração (GC)** – Responsável pelas atividades de gerenciamento da configuração dos artefatos elaborados no projeto, bem como das auditorias de configuração a serem realizadas.
- ✓ **Ramos de desenvolvimento (*branches*)** – São versões de itens de configuração que não seguem a linha principal de desenvolvimento. Os ramos fornecem isolamento para o processo de desenvolvimento e são migrados à linha principal de desenvolvimento no final do processo.
- ✓ **Rótulos (*tags*)** – Mecanismo usado para identificar uma configuração. As diversas versões de ICs marcadas com um rótulo constituem uma configuração do sistema.
- ✓ **Ramo principal (*trunk*)** – Representa a linha principal de desenvolvimento ou o referencial principal para os itens de configuração. Na linha principal estão as últimas versões integradas, revisadas e aprovadas dos itens de configuração e que serão tomadas como base para à geração de novos ramos de desenvolvimento.
- ✓ **Sistema de Controle de Versionamento (SCV)** – Sistema de apoio ao versionamento dos artefatos elaborados.

Case 1: JornadaCast – Estratégia de *branch* usando GitFlow

Autor: Bruno Dulcetti

Nome da empresa ou setor	*Startup* do ramo da telefonia
Descrição do problema ou oportunidade	Estratégia de *branch* usando o GIT Flow – *feature branch* de Dev, Homolog e Master
Ações realizadas	*Bug* é ajustado no Develop, Homolog e Master, mas quando temos muitas implementações na Develop fazemos direto na Master Tudo o que é feito na Master é dado "rebase" na Master e depois na Homolog
Principais resultados e aprendizados	A grande dificuldade de todos seguirem as políticas definidas para evitar retrabalho *Hotfix* na master
LinkedIn dos responsáveis pelo case	<https://www.linkedin.com/in/dulcetti/>

Case 2: JornadaCast – Estratégia de *branch* usando gerenciamento de versões

Autora: Marina Alckmin

Nome da empresa ou setor	Empresa do ramo da telefonia com agilidade e cascata em paralelo com muitos times e desenvolvedores
Descrição do problema ou oportunidade	Estratégia de *branch* integradora, master e a *branch* de escopo que deriva da integradora
Ações realizadas	Desenvolvedor é responsável pela *branch* de escopo (o *commit* diário, por exemplo: história) Depois o trabalho é integrado e resolvido por cada desenvolvedor na *branch* integradora PR para todas as *branches* integradoras Política bem definida com rastreabilidade com regras de nomenclatura bem definidas
Principais resultados e aprendizados	O entendimento da dificuldade do negócio e da necessidade de executar esta estratégia (fluxo) por restrições organizacionais e de negócio (muita resistência) Conflitos na *branch* integradora
LinkedIn dos responsáveis pelo case	<https://www.linkedin.com/in/marinaalckmin/>

Case 3: JornadaCast – Estratégia de *branch* usando uma *branch* Dev e a Master (GitFlow)

Autor: Willow Cavalheiro Chung

Nome da empresa ou setor	Empresa do ramo de engenharia e um time com seis pessoas
Descrição do problema ou oportunidade	Estratégia de *branch* usando uma *branch* Dev, Master usando GitFlow e *pull request*
Ações realizadas	Estabeleceram uma *branch* Dev e outra Master
Principais resultados e aprendizados	Desenvolvimento com *Feature Flag*, logo tudo que fica pronto na *Sprint* sobe em produção (quando a história não é aprovada o código sobe, mas não é executado – prática de *release* de baixo risco) *Hotfix* – As correções são direto na Master e manualmente estes itens devem ser ajustados na Dev: isto é custoso. Pensaram em trabalhar só com a Master, mas tem que ter uma maturidade maior do time.
LinkedIn dos responsáveis pelo case	https://www.linkedin.com/in/willowchung/

Procure no Spotify pelo *podcast* #69 JornadaCast para assistir aos três *cases* ou acesse:

<https://open.spotify.com/episode/0glbsRgetP7kQcNDIBrdSg?si=U80QjdKzTvCRMygmC42nBA&nd=1>

17. Azure Repos

Marcelo Nascimento Costa
Analia Irigoyen

O que é Azure Repos?

O Azure Repos é um conjunto de ferramentas com interface gráfica intuitiva que tem a função do suporte para a criação de um ambiente que facilite a gerência de configuração e o controle de qualidade do código. O Azure Repos nos permite configurar políticas de segurança, permissionamento e nos ajuda a definir processos, por exemplo, revisão por pares obrigatória através de *pull requests*. O Azure Repos permite a um projeto possuir repositórios de código no Git e também ferramentas mais antigas de gerência de configuração, como o TFVC, o que permite o gerenciamento de configuração de projetos legados no Azure DevOps.

As funcionalidades existentes no Azure Repos são dependentes do tipo do repositório corrente no projeto. Por exemplo, para o repositório do Git, possui acesso aos arquivos, *commits* de versões realizados, *pushes* realizados, histórico de *branches*, *tags* de arquivos e histórico de *pull requests*. No caso do repositório TFVC, possui acessos a arquivos, lista de arquivos, lista de *changeset* (versões) e de *shelvesets* (versões temporárias).

TFVC

O TFVC foi lançado em 2005 pela Microsoft em substituição ao SourceSafe. Até a versão do TFS 2013, era o único repositório disponível para ser utilizado. A principal característica é possuir um controle de versão centralizado, onde o time tem apenas uma versão do arquivo nas máquinas locais. Como possui uma visão centralizada, o histórico das versões é mantido apenas no servidor. As *branches* são criadas no servidor e se baseiam na cópia completa dos arquivos a cada *branch* criada (MICROSOFT, 2020).

Conceitos básicos

O TFVC possui alguns conceitos básicos específicos da ferramenta:

Modelo de *workflow* com *workspace* local
***Workspace* local** – Um *workspace* inclui *folders* (diretórios) no disco local do lado cliente mapeados para *folders* com versão controlada no servidor de controle de versão Azure DevOps. Os itens sob controle de versão podem ser alterados nos *folders* de trabalho do lado do cliente sem alteração dos itens sob controle de versão do lado do servidor. Mudanças são marcadas como "pending changes" no *workspace* local.

Quando um *check-in* é executado, são gravadas (*commit*) mudanças do lado do cliente no código do servidor. Caso seja necessário haver múltiplas cópias dos itens sob controle de versão local, pode ser criado mais de um *workspace* na máquina do cliente para um servidor de controle de código específico. Nesse modelo de *workspace*, o usuário pode trabalhar de modo *offline*, sincronizando os arquivos quando necessário. Esse modelo é semelhante ao Subversion.

Modelo de *workflow* com *workspace* no servidor
***Workspace* no servidor** – Nesse modelo, o usuário precisa realizar o *check-out* explícito dos arquivos nos servidores, tendo a possibilidade de executar um *lock* nos arquivos. Essa característica permite o trabalho com *workflows* de *lock* de arquivos para um controle de acesso único aos arquivos. A característica mais importante é que o usuário precisa estar conectado ao servidor do Azure DevOps para realizar a maioria das operações no repositório de código. Esse modelo de trabalho é similar ao SourceSafe, PVCS e CVS.

Branches/Merges
As *branches* no TFVC são sempre criadas no servidor e espelhadas nos *workspaces* local ou no servidor. O TFVC permite a criação de *branches* diretamente na interface gráfica ou por linha de comando. Uma característica das *branches* é executar uma cópia completa dos arquivos para serem utilizados na *branch*. Portanto, as *branches* ocupam bastante espaço no servidor e nas máquinas dos clientes. Os *merges* podem ser executados de qualquer *branch* origem para qualquer *branch* destino.

Changesets
Changeset serve para armazenar e encontrar informações a respeito de uma operação simples de *check-in*. Esse conceito é similar ao implantado no SourceSafe. É sempre criado automaticamente no momento em que é executado o *check-in*, recebendo um

número sequencial dentro do projeto no servidor. Cada *changeset* armazena as seguintes informações: informação sobre as revisões de arquivos e *folders*; links para *work items* relacionados; notas de *check-in*; comentários; políticas de compatibilidade e responsável pelo *check-in* e data/hora. Na Figura 17.1, é apresentada uma sequência de *changesets*.

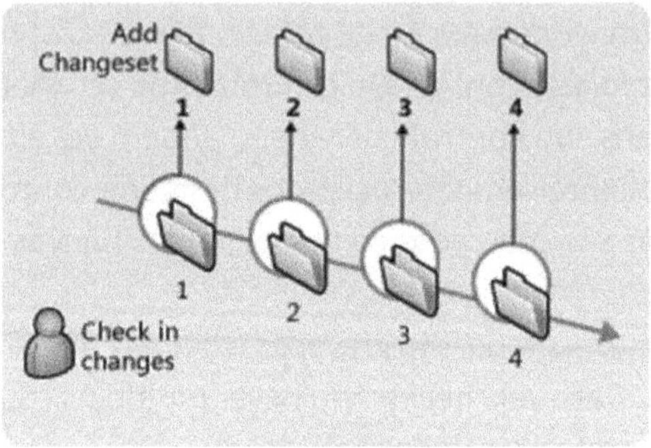

Figura 17.1. *Changesets*.
Fonte: os autores.

Shelvesets

São conjuntos de arquivos armazenados no Azure DevOps para posterior recuperação direto em um *workspace* para o desenvolvimento do projeto. Os *shelvesets* não são versionados, ou seja, se um *shelveset* for recuperado e alterado, não será criada uma versão do *shelveset* antes da alteração. Dessa forma, não existe um histórico de versões pelo Azure DevOps.

Lock de arquivos

O *lock* é uma ação que permite o bloqueio de arquivos para edição e/ou *check-in* do arquivo. O *lock* pode ser executado independentemente do modelo de *workflow* utilizado, seja *workspace* local ou *workspace* no servidor. Existem duas formas de executar um *lock*: durante o *checkout* para edição do arquivo (*checkout for edit*) ou executar um *lock* explícito do arquivo.

Existem dois tipos de *locks* possíveis:

- ✓ ***Checkout*** – Previne outros usuários de realizar *checking out* e *checking in*. É como se fosse um *lock* total do arquivo.
- ✓ ***Check-in*** – Permite que outros usuários realizem *checkout*, mas não pode ser realizado o *check-in*. É como se fosse um *lock* parcial do arquivo.

Importante ressaltar que o *lock* tem a granularidade de arquivo e diretórios no repositório de código no Azure DevOps.

Permissões

O TFVC permite o controle das permissões de acesso por usuário especificamente ou por grupos de usuários. Uma permissão pode ser granular como no nível de arquivo, diretórios, recursividade de diretórios ou repositórios de código. Alguns tipos de permissões possíveis:

- ✓ *Check-in*
- ✓ *Check-in* de arquivos de terceiros
- ✓ Gerenciar *branches*
- ✓ Gerenciar permissões
- ✓ *Merge*
- ✓ *Read*

Diferenças entre os modelos de *workflow*

Analisando a Figura 17.2, o processo básico do *workflow* com *workspace* local se baseia nos seguintes passos:

1. Mapear os diretórios do projeto existente no servidor TFVC no Azure DevOps para um *folder* no diretório local.
2. Recuperar a última versão do código do servidor TFVC com o comando *Get Latest Version*.
3. Realizar o *checkout* no servidor indicando quais arquivos serão trabalhados localmente.
4. Na finalização da alteração dos arquivos, realizar o *check-in* dos arquivos alterados. Importante: o *check-in* somente é permitido para os arquivos que tiveram o *checkout* realizado no passo 3.

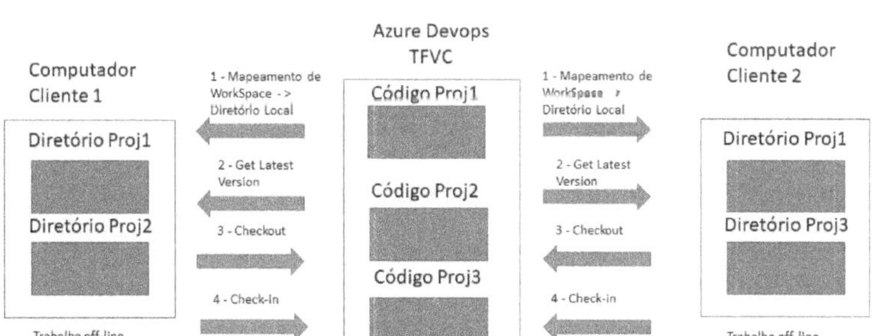

Figura 17.2. *Workflow* com *workspace* local.
Fonte: os autores.

Analisando a Figura 17.3, o processo básico do *workflow* com *workspace* no servidor se baseia nos seguintes passos:

1. Mapear os diretórios do projeto existentes no servidor TFVC no Azure DevOps para um *folder* no diretório local.
2. Realizar o *checkout* diretamente no servidor indicando quais arquivos serão trabalhados. Esse *checkout* possui o comando *Get Latest Version* implícito.
3. Verifica o status dos arquivos compartilhados.
4. Na finalização da alteração dos arquivos, realizar o *check-in* dos arquivos alterados. Importante: o *check-in* somente é permitido para os arquivos que tiveram o *checkout* realizado no passo 3.

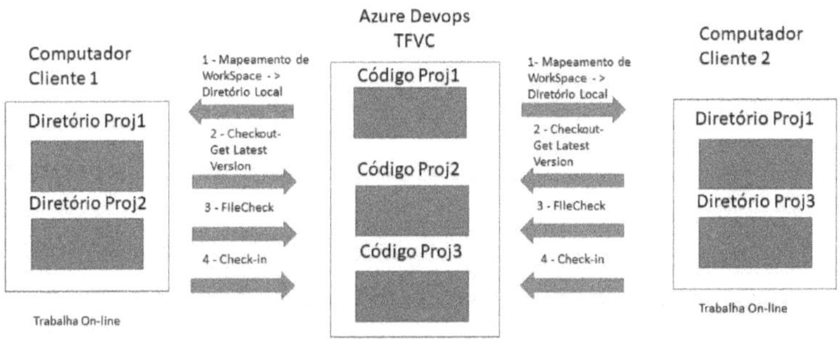

Figura 17.3. *Workflow* com *workspace* no servidor.
Fonte: os autores.

A principal diferença está no *checkout* do arquivo. No *workspace* local esse *checkout* marca no servidor os arquivos em alteração pelo usuário, permitindo ao usuário executar essas alterações de modo desconectado do servidor. No *workspace* no servidor, o *checkout* é feito com um *get latest version* associado e o usuário precisa trabalhar conectado (*on-line*) para permitir a atualização dos *workspaces* do usuário continuamente nos servidores.

Quando usar *workspace* local e no servidor

O *workspace* local deve ser utilizado quando a conexão com a internet não é confiável e a quantidade de *work items* é menor do que 100.000. Isso porque, para executar o trabalho *offline*, o TFVC guarda várias cópias de arquivos para executar ações locais de controle de versão. Outra situação é quando o usuário pode trabalhar de forma isolada sem compartilhamento de código com outros desenvolvedores da equipe. Para *branches* muito grandes e a necessidade de se trabalhar com o código com alto grau de concorrência, é indicado trabalhar com *workspace* no servidor (MICROSOFT, 2020).

Funcionalidades via interface gráfica

O TFVC possui as seguintes funcionalidades que podem ser utilizadas via interface gráfica do Azure DevOps, conforme Figura 17.4:

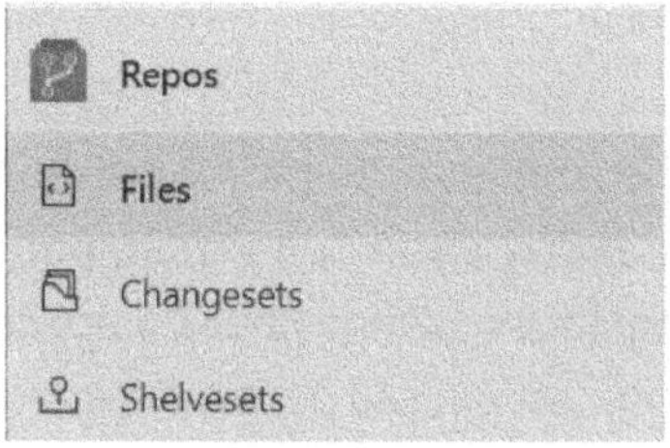

Figura 17.4. Funcionalidades via interface gráfica TFVC.
Fonte: versão de janeiro de 2021 do Azure DevOps Nuvem[10]. Autorizada pela Microsoft.

- ✓ ***Files*** – Apresenta a lista de arquivos armazenados no repositório, listando nome, data da última mudança e último *changeset* associado ao arquivo.
- ✓ ***Changesets*** – Apresenta a lista de todos os *changesets* realizados no repositório. Para cada *changeset*, apresenta todos os arquivos modificados e as linhas modificadas para cada arquivo. Todos os *changesets* listados podem ser recuperados.
- ✓ ***Shelvesets*** – Apresenta a lista de todos os *changesets* disponíveis para recuperação no repositório. Para cada *shelveset*, apresenta todos os arquivos modificados e as linhas modificadas para cada arquivo.

Git

O Git é o repositório *default* para o Azure DevOps. A Microsoft escolheu uma versão padrão do Git para ser utilizada internamente. A interface gráfica na ferramenta permite a execução dos comandos mais básicos do Git, principalmente para a consulta do histórico de ações executadas.

Para a utilização de todas as funcionalidades, pode ser usada qualquer ferramenta ou cliente com interface em linha de comando, como Git Bash, ou com interface gráfica, como o GITKraken, entre outros. Outra forma de utilizar é através de ferramentas de desenvolvimento, como Visual Studio Code, Visual Studio e Eclipse. É importante ressaltar que essas ferramentas de desenvolvimento possuem interface

---

[10] Figuras mais atualizadas podem ser consultadas no nosso projeto público e colaborativo: <https://dev.azure.com/jornadaazuredevops/>.

gráfica limitada aos comandos mais triviais do Git; portanto, para diversas ações mais complexas, existe a necessidade de utilizar alguma ferramenta de linha de comando, como o Git Bash.

Características

É um software gerenciador de configuração (SCM) distribuído utilizado principalmente para o desenvolvimento de software. A sua versão padrão é um *open source*, com diversas distribuições e interfaces gráficas para o controle dos repositórios. Pode ser considerado praticamente um padrão para o desenvolvimento distribuído e para utilização das ferramentas de *DevOps*. O Git possui como principais características:

- ✓ **Velocidade na execução dos comandos**
- ✓ **Design simples** – Possui conceitos simples e bastante robustos.
- ✓ **Suporte robusto a desenvolvimento não linear (milhares de *branches* paralelos)** – Utiliza uma estratégia de ponteiros para novas *branches* de forma que cada *branch* ocupe um espaço menor no repositório
- ✓ **Totalmente distribuído** – Permite o desenvolvimento dos repositórios de forma que não exista nenhuma interdependência entre os desenvolvedores.
- ✓ **Capaz de lidar eficientemente com grandes projetos como o *kernel* do Linux (velocidade e volume de dados)** – Possui *cases* de projetos como Linux com diversos níveis de *pull requests* e aprovações de melhorias no código.
- ✓ **Trabalha de forma local (*offline*)** – Permite o trabalho totalmente *offline*, apoiando o trabalho distribuído.
- ✓ **Mantém a integridade dos arquivos através de *checksums* (*hash*)** – Os arquivos são controlados através de um código *hash* que permite manter um histórico de versões ocupando menor espaço no repositório. Esse código *hash* também permite verificar a validade de qualquer arquivo.
- ✓ **Reversão de operações** – Permite a reversão de qualquer operação realizada nos repositórios. Isso garante uma capacidade de recuperação de qualquer problema durante a manipulação dos repositórios.

Conceitos básicos

Clone de repositórios

Permite clonar um repositório de código, ou seja, criar uma cópia local do repositório para que se possa trabalhar de forma distribuída e *offline*. Na Figura 17.5, é apresentado um exemplo de clone. A clonagem replica todo o histórico do repositório.

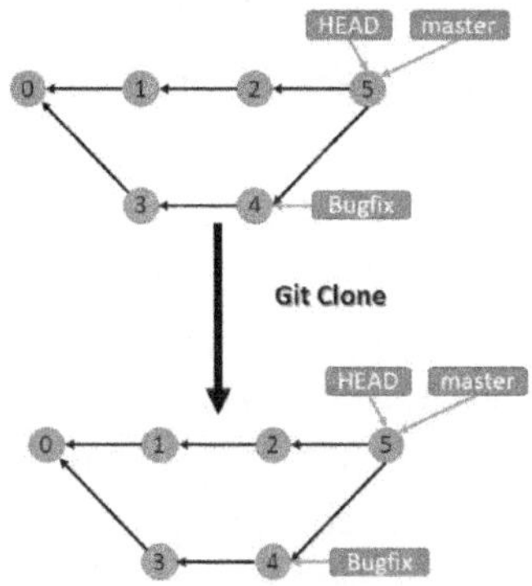

Figura 17.5. Clonagem de repositório.
Fonte: os autores.

Inicialização de arquivos

O comando **git init** cria um novo subdiretório local chamado ".git" que contém todos os arquivos necessários de seu repositório – um esqueleto de repositório Git. Nesse ponto, nenhum arquivo do projeto é controlado pelo Git. A partir desse comando, o subdiretório está preparado para armazenar arquivos de qualquer repositório Git.

Ciclo de vida de estado dos arquivos

Na Figura 17.6, é apresentado todo o ciclo de vida dos estados de cada arquivo em repositório local do Git. Logo a seguir, explicamos cada estado e as respectivas transições.

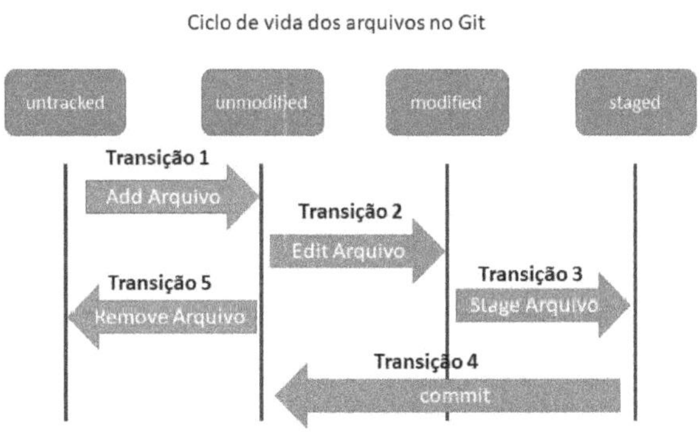

Figura 17.6. Estados dos arquivos no Git.
Fonte: adaptado de Chacon; Straub (2014).

- ✓ ***Untracked*** – São arquivos armazenados no diretório do repositório Git, porém não são monitorados pelo Git. O comando **git add** adiciona os arquivos para o monitoramento do Git e altera o estado do arquivo de *untracked* para *unmodified* (transição 1). O comando **git rm** remove os arquivos do monitoramento do Git e altera o estado do arquivo de *unmodified* para *untracked* (transição 5).

- ✓ ***Unmodified*** – São arquivos não alterados desde a adição ou do último *commit* realizado no repositório. No momento da edição do arquivo, o estado é alterado automaticamente de *unmodified* para *modified* (transição 2). Ao ser executado o comando **git commit**, o arquivo é alterado do status *staged* para *unmodified* (transição 4) e recomeça o ciclo no Git.
- ✓ ***Modified*** – Arquivos modificados no repositório após a edição pelo usuário. Após o comando **git add**, todos os arquivos nesse estado são modificados para *staged* (transição 3).
- ✓ ***Staged*** – Arquivos prontos para serem "commitados" no repositório local. Após o *commit*, os arquivos são alterados para o status *unmodified* (transição 4).

O comando **git status** apresenta o estado presente de cada arquivo nos diretórios dos repositórios Git.

- ✓ **Sincronização de repositórios** – Todas essas modificações citadas dos arquivos acontecem no repositório local do Git – característica importante do Git –, pois permite trabalhar de forma *offline* e totalmente independente. Para a sincronização com o repositório centralizado, deve ser utilizado o comando **git push**.

Funcionalidades via interface gráfica

- ✓ ***Files*** – Permite ver toda a estrutura de diretórios e arquivos de um repositório. Para cada arquivo do repositório, podemos visualizar o conteúdo do arquivo, histórico de versões, comparação entre as versões e análise da execução das alterações. Os arquivos podem ser alterados e podem ser realizados *commits* diretamente na interface gráfica do Azure DevOps. Os *commits* são realizados diretamente na *branch* pública do repositório.
- ✓ ***Commits*** – Permite ver a lista de *commits* realizados na *branch* de forma cronológica. Para cada *commit*, podem ser visualizadas todas as modificações realizadas em cada arquivo alterado no *commit*.
- ✓ ***Pushes*** – Lista todas as atualizações realizadas em uma determinada *branch*. Indica o valor *hash* do *commit*, o usuário responsável e a data do *push*.
- ✓ ***Branches*** – Lista todas as *branches* do repositório. Para cada *branch*, indica o último *commit*, o autor do *commit*, quantos *commits* à frente ou atrás da *branch* de origem, o status e o último *pull request* realizado na *branch*.
- ✓ ***Tags*** – Lista todas as *tags* definidas para o repositório.

- ✓ ***Pull requests*** – Lista todos os *pull requests* realizados para cada *branch*. Para cada *branch*, são apresentados o ID, o autor, o revisor e a *branch* alvo do *pull request*. É realizada uma classificação entre as atribuídas ao usuário logado, ativas, finalizadas e abandonadas.

Migrando do TFVC para o Git

A Microsoft tem tornado o Git o repositório padrão para armazenamento de código no Azure DevOps. Inclusive, é a opção *default* na interface de criação de repositórios. Uma estratégia comum é migrar os repositórios criados em TFVC para o Git, devido a inúmeras vantagens da gerência de configuração distribuída.

Devido a essa necessidade de migração, existe uma funcionalidade para importação de repositórios legados TFVC para Git. Durante a importação, pode ser escolhido o número de dias do histórico de *check-ins* do repositório TFVC, limitado a 180 dias.

PARTE IV.
CI/CD

Depois do entendimento da parte de gestão e saber como usar seu repositório no Azure DevOps, entramos em uma parte mais técnica que nós simplesmente amamos e é a cara do *DevOps*: integração, entrega e implantação contínua no Azure DevOps. Apresentamos também um super exemplo que utiliza Docker e AKS, para mostrar como usar os conceitos de *pipeline* e *release* do AzureDevOps na prática.

18. Integração Contínua

Alexandro Ramos Alves
Norberto Hideaki Enomoto
Ricardo Almandos Irigoyen

A integração contínua é o processo automatizado de *builds* e testes de qualidade de entrega que ocorre quando o código é entregue no sistema. Uma vez confirmado o código, segue um processo automatizado que realiza a validação e confirmação do código testado do código-fonte principal, chamado de *branch master*, ramificação principal ou ramificação mestre. A integração contínua automatiza esse processo elevando significativamente a qualidade e a eficiência do processo. Falhas são detectadas antecipadamente, antes mesmo de qualquer união e/ou fusão de qualquer código com a ramificação mestre.

A entrega contínua em geral é recomendada em ambientes de desenvolvimento e preparo. A grande maioria das equipes requer um procedimento manual de revisão e aprovação para implantação de produção, para ter certeza do que acontece quando os principais integrantes da equipe de desenvolvimento e testes estão disponíveis para suporte ou durante períodos de baixo tráfego, mas não há nada que impeça que você automatize completamente seus ambientes de desenvolvimento. Porém, para automatizar tudo completamente em seu ambiente de desenvolvimento, é necessário que os testes estejam completamente automatizados para que tudo que um desenvolvedor precise fazer seja efetuar *check-in* de uma alteração em um ambiente configurado para teste de aceitação.

O *pipeline* de entrega, em resumo, é um processo que determina como você entrega o software para seus usuários finais. Na prática, um *pipeline* de entrega é uma implementação desse padrão. O *pipeline* começa com o código que está no controlador de versão e termina com o código implantado no ambiente de produção. No meio, muita coisa pode acontecer. O código é compilado, os ambientes são configurados, muitos tipos de testes são executados e, finalmente, o código é considerado "concluído". Com isso, queremos dizer que o código está em produção. Qualquer coisa que você colocar com sucesso no *pipeline* de lançamento deve ser algo que você daria aos seus clientes.

Aqui está um diagrama que você verá no site de Entrega Contínua de Jez Humble. É um exemplo do que pode ocorrer quando o código se move através de um *pipeline* de entrega.

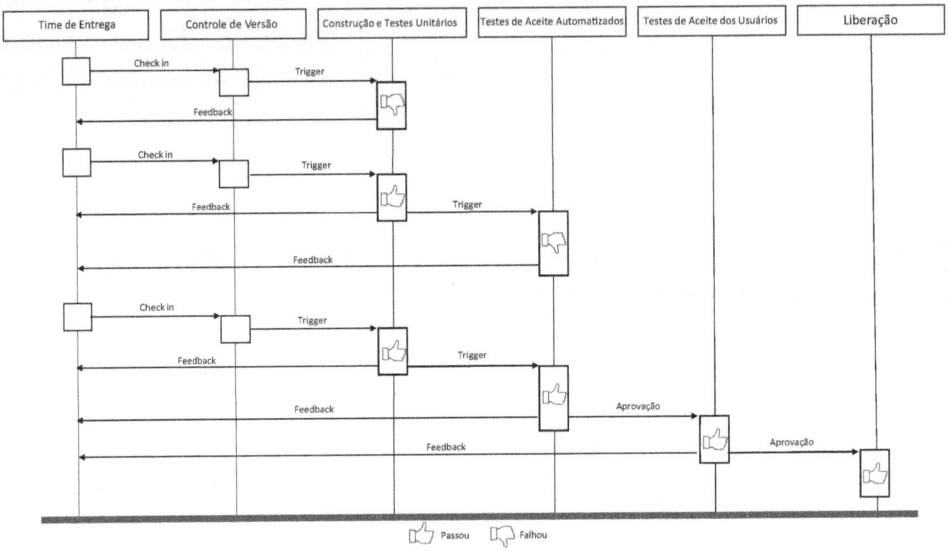

Figura 18.1. Integração contínua.
Fonte: os autores.

19. Entrega e implantação contínua

Marcelo Nascimento Costa
Analia Irigoyen

O módulo de *Continuous Integration/Continuous Deployment* é fundamental para o suporte do Azure DevOps às práticas de *DevOps*. Nas primeiras versões do Azure DevOps, ainda conhecido como TFS, a Microsoft investiu bastante em *Continuous Integration* e no *Continuous Deployment* utilizando a estratégia de XAML para configuração das práticas. A partir do TFS 2015, a Microsoft abandonou o XAML, integrou o *Continuous Integration* à arquitetura e, ao mesmo tempo, comprou o software Release Management para se integrar ao TFS 2015. Assim, a arquitetura se tornou bastante robusta e uma das que mais passam por alterações no Azure DevOps, evoluindo bastante a cada nova *release*.

Atualmente, a linguagem de definição YAML é utilizada como padrão para definição de *pipelines*; porém, ainda existe a possibilidade da utilização de *tasks* para a criação de *pipelines* de *build* e *releases*. A Microsoft denomina como **Classic** a criação de *tasks* via interface gráfica.

Basicamente, existem seis funcionalidades no Azure DevOps na parte de *pipelines*, conforme a figura a seguir:

Figura 19.1. Funcionalidades *pipeline*.
Fonte: versão de janeiro de 2021 do Azure DevOps Nuvem[11]. Autorizada pela Microsoft.

[11] Figuras mais atualizadas podem ser consultadas no nosso projeto público e colaborativo: <https://dev.azure.com/jornadaazuredevops>.

- ✓ ***Pipelines*** – Definição de código YAML para a configuração de *tasks* de *build* e *deployment* para *Continuous Integration* e *Continuous Deployment*. Em versões antigas, era separado em **Build** e **Release**. Atualmente, apenas um arquivo YAML com o nome azure-pipelines.yml representa os comandos para *build* e, opcionalmente, para *release*.
- ✓ ***Environments*** – Definição de máquinas virtuais para a implantação utilizando *Continuous Deployment*.
- ✓ ***Releases*** – Lista todos os *pipelines* executados e permite a criação de *pipelines* de *releases* via interface gráfica.
- ✓ ***Library*** – Biblioteca de grupos de variáveis que podem ser reutilizados em *pipelines* de *build/release*.
- ✓ ***Task Groups*** – Biblioteca de grupo de *tasks* de *build* e *release* que pode ser reutilizada em *builds* e *pipelines* de *releases*.
- ✓ ***Deployment Groups*** – Agrupamento de servidores para a implantação simultânea de binários.

Azure *pipelines*

A filosofia da integração contínua se baseia na garantia de que o código não "quebrou" a cada nova versão de código armazenada no repositório. Um código que não "quebra" significa que ele compila corretamente e gerou uma versão final estável do artefato. E com a facilidade da implantação automática, o *Continuous Deployment* também suporta a verificação se o código não quebrou e funciona corretamente no ambiente esperado.

Existem alguns conceitos básicos importantes a serem entendidos no módulo de ***Pipelines***, conforme figura a seguir (MICROSOFT, 2020):

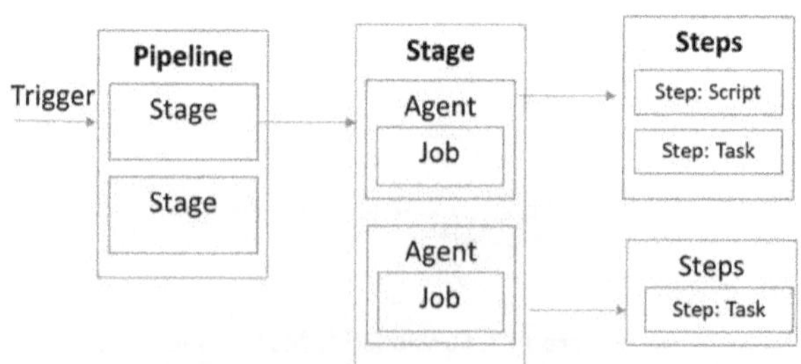

Figura 19.2. Integração dos conceitos básicos.
Fonte: versão de janeiro de 2021 do Azure DevOps Nuvem. Autorizada pela Microsoft.

- ✓ ***Trigger*** – Indica o início de um *pipeline* – caso não exista, pode ser feito de forma manual.
- ✓ ***Pipeline*** – Possui um ou mais *stages*. Um *stage*, em geral, equivale a um ambiente, como desenvolvimento, homologação e produção.
- ✓ ***Agent*** – Camada de software instalada nas máquinas responsável pela execução de *jobs*.
- ✓ ***Job*** – Agrupamento de passos (*steps*) executados no *pipeline*.
- ✓ **Steps** – Pode ser um passo ou uma tarefa – menor bloco de execução de um *pipeline*.
- ✓ ***Task*** – Um *script* que encapsula a execução de ações no *pipeline*.
- ✓ **Artefato** – Coleção de arquivos e binários publicados pela *build* e implantados nas *releases*.

Nas últimas versões do Azure DevOps, existe um módulo único para *continous integration* e *continuous delivery*, conforme a figura a seguir, chamado de ***Pipelines***. Esse módulo é fortemente baseado no desenvolvimento utilizando a linguagem de serialização YAML (*YAML Ain't Markup Language*) que utiliza uma notação resumida para descrição de *pipelines* de *build* e de *release*.

A seguir, um exemplo de *pipeline* de *build* gerado automaticamente pelo Azure DevOps para o *build* de um projeto .Net utilizando a linguagem YAML:

```
trigger:
- main

pool:
  vmImage: 'windows-latest'

variables:
  solution: '**/*.sln'
  buildPlatform: 'Any CPU'
  buildConfiguration: 'Release'

steps:
Settings
- task: NuGetToolInstaller@1

Settings
- task: NuGetCommand@2
  inputs:
    restoreSolution: '$(solution)'

Settings
- task: VSBuild@1
  inputs:
    solution: '$(solution)'
    msbuildArgs: '/p:DeployOnBuild=true /p:WebPublishMethod=Package /p:PackageAsSingleFile=true /p:SkipInvalidConfigurations=true /p:PackageLocation="$(build.artifactStagingDirectory)"'
    platform: '$(buildPlatform)'
    configuration: '$(buildConfiguration)'

Settings
- task: VSTest@2
  inputs:
    platform: '$(buildPlatform)'
    configuration: '$(buildConfiguration)'
```

Figura 19.3. Código automático gerado pelo o Azure DevOps para *build* de projetos .Net. Fonte: versão de janeiro de 2021 do Azure DevOps Nuvem. Autorizada pela Microsoft.

Em resumo, a ferramenta utiliza como *trigger* a *branch main* do projeto e implanta em um ambiente utilizando uma máquina virtual Windows na última versão existente. Define algumas variáveis como a *solution* do projeto (arquivo principal do projeto .Net), o tipo de plataforma (AnyCPU) e a configuração do *build*, no caso em *release*.

Para "buildar" um projeto, são utilizados os seguintes passos:

- ✓ **Passo 1 – *Task* NugetToolInstaller** – Realiza o *download* da última versão da ferramenta de gerenciamento de pacotes do .Net.
- ✓ **Passo 2 – *Task* NugetCommand@2**
  - Entradas:
    - ◊ **restoreSolution:** variável com o nome da *solution* do projeto, que possui as *libs* referenciadas no *nuget*.
- ✓ **Passo 3 – *Task* VSBuild@1**
  - Entradas:
    - ◊ **solution:** variável com o nome da *solution* do projeto.
    - ◊ **msbuildArgs:** parâmetros para implantação do projeto como pacote web e o endereço para armazenar o pacote gerado pelo *build*.
    - ◊ **configuration:** tipo de *build* – para *debug* ou *release*.
- ✓ **Passo 4 – *Task* VSTest@2**
  - Entradas:
    - ◊ **Platform:** ambiente onde os testes serão executados. Pode ser x86/x64 ou AnyCPU.
    - ◊ **configuration:** tipo de *build* – para *debug* ou *release*.

Os passos citados devem ser armazenados em um arquivo com o nome **azure-pipelines.yml** na raiz do repositório de código do projeto.

O comando *trigger* é importante para indicar qual *branch* o Azure DevOps "ouve" para iniciar um *build* automaticamente após salvar um arquivo no repositório de código, como, por exemplo, o YAML de um projeto para o *build* de um microsserviço para ser implantando em *container* Docker no orquestrador Kubernetes.

Conforme a figura a seguir, o Azure DevOps armazena um histórico com todas as execuções de *builds* realizadas.

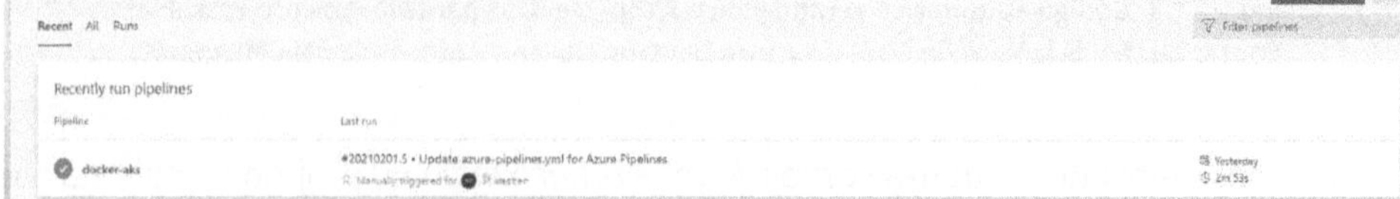

Figura 19.4. Histórico de *builds* realizados.
Fonte: versão de janeiro de 2021 do Azure DevOps Nuvem. Autorizada pela Microsoft.

Um *pipeline* de *continuous deployment* é criado no mesmo YAML (azure-pipelines.yml), listando os passos necessários para a implantação em um *stage*. Segue um exemplo parcial, na Figura 19.5 a seguir, para a implantação automática de um projeto desenvolvido em Java em um servidor Linux (MICROSOFT, 2020):

```
jobs:
- deployment: VMDeploy
  displayName: web
  environment:
    name: <environment name>
    resourceType: VirtualMachine
  strategy:
      rolling:
        maxParallel: 2  #for percentages, mention as x%
        preDeploy:
          steps:
          - download: current
            artifact: drop
          - script: echo initialize, cleanup, backup, install certs
        deploy:
          steps:
          - task: Bash@3
            inputs:
              targetType: 'inline'
              script: |
                # Modify deployment script based on the app type
                echo "Starting deployment script run"
                sudo java -jar '$(Pipeline.Workspace)/drop/**/target/*.jar'
```

Figura 19.5. Exemplo de código YAML para *deployment* de projetos Java no Linux. Fonte: adaptada de Microsoft (2020).

São definidos os seguintes passos:

- ✓ ***Deployment*** – Nome lógico do ambiente a ser implantado.
- ✓ ***DisplayName*** – Nome a ser apresentado na lista de *pipelines*.
- ✓ ***Environment*** – Nome do ambiente definido na seção de *Environments* e o tipo de implantação em uma máquina virtual.
- ✓ ***Strategy*** – Tipo de estratégia de implantação do projeto.
  - ***Rolling*** – Foi definido que o projeto será implantado paralelamente em dois servidores no máximo. Como atividade de pré-implantação, será feito o *download* do artefato com o nome *drop*.
  - ***Deploy*** – Foi utilizada a *task* Bash@3 (versão 3 da *task*). Como parâmetros de entrada da *task* será utilizado um *script inline* (manual) que desempacota todos os arquivos .jar existentes no artefato.

Como outro exemplo, apresentamos, no Capítulo 20, o YAML de um projeto para implantação nos *stages* de *Test* e de *Prod* de um microsserviço em um *container* Docker rodando em um orquestrador Kubernetes.

Environments

Um *environment* consiste em um conjunto de recursos, tais como Kubernetes, *clusters* e máquinas virtuais, que são as máquinas-alvo em um *pipeline* desenvolvido no Azure DevOps. Tipicamente, cada *environment* é definido para um servidor diretamente, como, por exemplo, o ambiente de desenvolvimento, testes, homologação e produção. Algumas vantagens são apresentadas para a utilização de *environments* (MICROSOFT, 2020):

- ✓ **Histórico de implantação** – Lista de todos os *pipelines* com alvo no *environment*.
- ✓ **Rastreabilidade de *commit* e *work items*** – Visualizar *jobs* no *pipeline* que têm como alvo o *environment*, incluindo os *commits* e *work items* associados aos *jobs*.
- ✓ **Análise da saúde do ambiente** – Visualização do estado da aplicação.
- ✓ **Permissões** – Configurar acessos aos *environments*.

Releases

Nessa funcionalidade são listadas todos os *pipelines* existentes no projeto corrente e, para cada *pipeline*, todas as *releases* geradas pelo período de retenção definido, conforme figura a seguir.

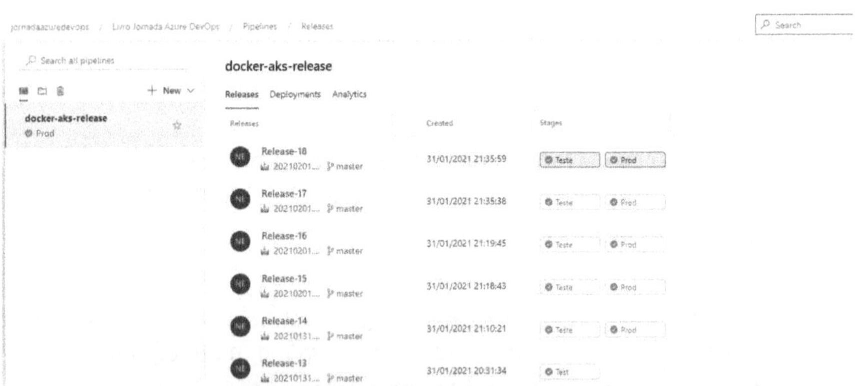

Figura 19.6. Histórico de *releases* do projeto Docker/Kubernetes.
Fonte: versão de janeiro de 2021 do Azure DevOps Nuvem. Autorizada pela Microsoft.

Uma outra visão possível consiste nas *releases* criadas por *stage* implantado, como *Prod* e Teste, conforme figura a seguir.

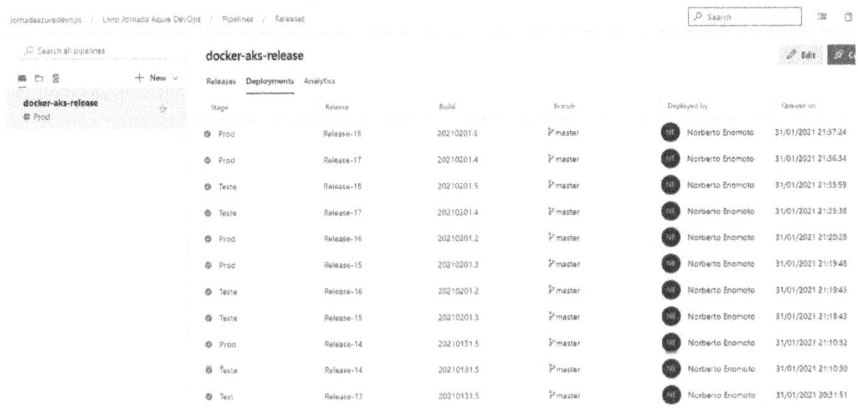

Figura 19.7. Histórico de *deployment* do projeto Docker/Kubernetes.
Fonte: versão de janeiro de 2021 do Azure DevOps Nuvem. Autorizada pela Microsoft.

Na tela pode ser criada uma nova *release* utilizando a interface gráfica ou editado o *pipeline* das *releases*. A tendência é a implantação dos *pipelines* ser realizada apenas YAML e a interface gráfica mantida apenas por questões de compatibilidade com o legado. A seguir, o exemplo de um *pipeline* de *release* criado via interface gráfica:

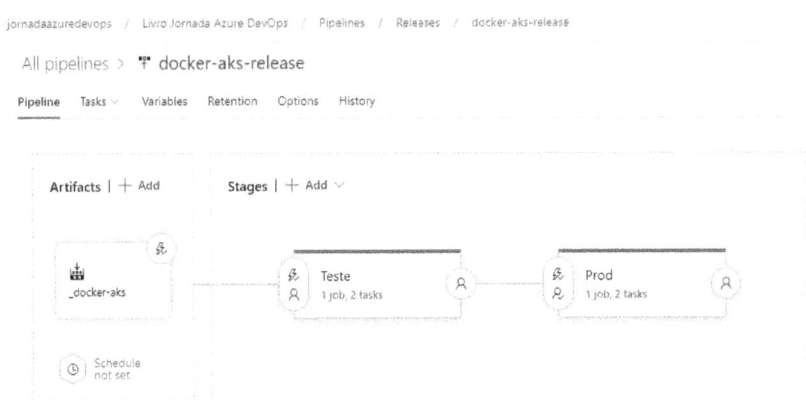

Figura 19.8. *Pipeline* criado com interface gráfica.
Fonte: versão de janeiro de 2021 do Azure DevOps Nuvem. Autorizada pela Microsoft.

Library

A *Library* possui um conjunto de *assets* que podem ser reutilizados em múltiplos *builds* e *releases* de um projeto. Atualmente, existem dois tipos de *assets* disponíveis (MICROSOFT, 2020):

- ✓ ***Variable groups*** – Utilizar um grupo de variáveis para armazenar valores que serão controlados e disponíveis através de múltiplos *pipelines*. Os grupos de variáveis também podem ser utilizados para armazenar senhas e outros valores que serão passados para os *pipelines* YAML. Importante ressaltar que os grupos não podem ser criados via YAML.
- ✓ ***Secure files*** – A bibiloteca de *secure files* armazena arquivos como certificados de assinatura, perfis Apple, arquivos de senhas Android e chaves SSH de forma que não exista a necessidade de armazenamento no repositório de código-fonte.

Task groups

Um *task group* permite o encapsulamento de uma sequência de tarefas, definidas anteriormente para um *build/release*, em um conjunto único reusável de tarefas para ser adicionado a um *build* ou *release* de um determinado projeto, como qualquer outra tarefa (MICROSOFT, 2020).

É criada uma interface para o *task group* com os parâmetros extraídos das *tasks*. Esses parâmetros se baseiam nas variáveis utilizadas pela *task*. Cada *task group* criado faz parte do catálogo de tarefas do projeto. Portanto, o escopo do *task group* é por projeto. Caso haja necessidade da utilização em outros projetos, deve ser exportado e importado para outro projeto.

Deployment groups

Um *deployment group* é um conjunto lógico de máquinas de implantação que possui agentes instalados em cada máquina. Normalmente, envolve máquinas com um contexto de implantação em comum. Por exemplo, todos os servidores de um *cluster* de produção onde será implantado um microsserviço deve ser considerado um *deployment group*. É importante ressaltar que a implantação nos *deployment groups* pode ser realizada apenas utilizando os *pipelines* pela interface gráfica dos *pipelines* (MICROSOFT, 2020).

A grande vantagem dos *deployment groups* é o paralelismo utilizado na implantação dos artefatos nas *releases*. Uma implantação em um *cluster* com cinco servidores realmente dura um quinto do tempo da implantação sequencial da *release*.

20. Integração e Implantação Contínua avançada – Docker e Azure Kubernetes Services (AKS)

Norberto Hideaki Enomoto
Marcelo Nascimento Costa

Neste caso de uso será apresentado um *pipeline* de integração e entrega contínua utilizando um microsserviço. Este microsserviço possui operações de criação, consulta, atualização e exclusão de registros (CRUD) referente a uma tabela de clientes. Os dados são persistidos em memória. Essas operações são expostas através de um API *Restful*. Este microsserviço foi desenvolvido com o *framework* .Net Core 3.1 utilizando a linguagem de programação C#. Este será implantado no *Azure Kubernetes Services* (AKS). O *Azure Kubernetes Services* simplifica a implantação de um *cluster* do Kubernetes gerenciado no Azure (MICROSOFT, 2021).

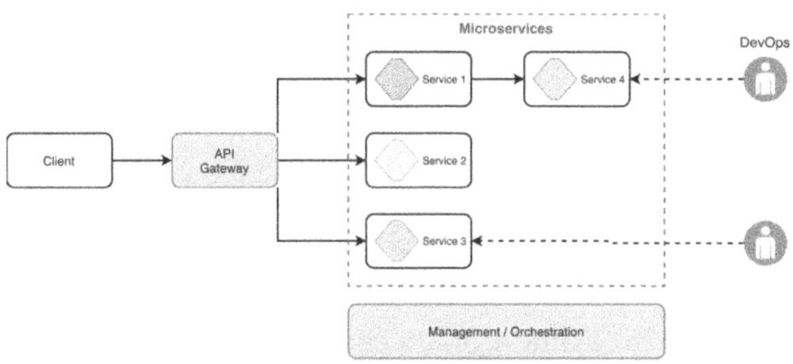

Figura 20.1. Arquitetura de microsserviços.
Fonte: Microsoft (2019).

Os seguintes pré-requisitos devem ser criados e configurados antes da criação e execução do *pipeline* de integração e entrega contínua:

1. Criação de uma conta no DockerHub: <https://hub.docker.com/>.
2. Instalação da extensão do SonarCloud no projeto do Azure DevOps: <https://marketplace.visualstudio.com/items?itemName=SonarSource.sonarcloud>.
3. Criação de uma conta, configuração de uma organização e de um projeto no SonarCloud e configuração no Azure DevOps: <https://sonarcloud.io> e <https://azuredevopslabs.com/labs/vstsextend/sonarcloud/>.

4. Criação de um *cluster* no *Azure Kubernetes Services*: <https://docs.microsoft.com/pt-br/azure/aks/kubernetes-walkthrough>.
5. Criação e configuração de "Service Connections" (DockerHub, SonarCloud e Kubernetes): <https://docs.microsoft.com/en-us/azure/devops/pipelines/library/service-endpoints?view=azure-devops&tabs=yaml>.
6. Instalação do Kubectl no computador local (CLI): <https://kubernetes.io/docs/tasks/tools/install-kubectl/>.
7. Obtenção das credenciais do *cluster* AKS: <https://docs.microsoft.com/pt-br/azure/aks/kubernetes-walkthrough>.
8. Criação do *Namespace Test* e *Prod* no *cluster* AKS: <https://kubernetes.io/docs/tasks/administer-cluster/namespaces-walkthrough/>.

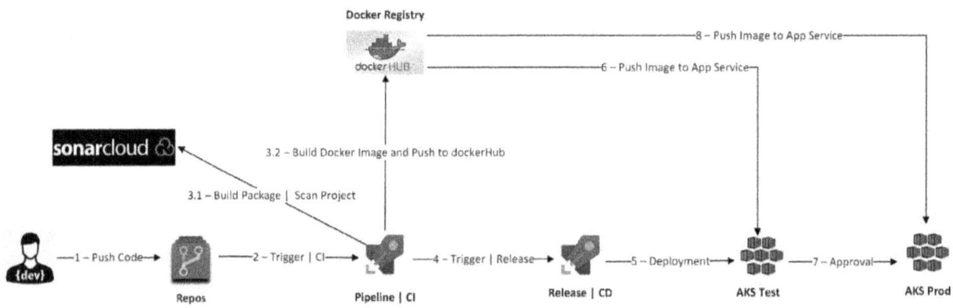

Figura 20.2. *Pipeline* de integração e entrega contínua (CI | CD).
Fonte: os autores.

A Figura 20.2 mostra o *pipeline* de integração e entrega contínua (CI | CD). A seguir serão detalhados os passos desse *pipeline*:

1. O desenvolvedor faz a alteração do código em uma *branch feature* ou *release* criada a partir da *branch master*. Após a conclusão da alteração do código, este criará um pull request (PR). Algum outro membro da equipe de desenvolvimento fará a validação do código e realizará o *merge* da *branch feature* ou *release* com a *branch master*.
2. Com o *merge* das alterações na *branch master*, o *pipeline* de integração contínua é executado automaticamente.
3. No *pipeline* de integração contínua (CI) os seguintes passos são executados:
   a) Clonagem do repositório do código-fonte a partir da *branch master*.
   b) Compilação e construção da solução do projeto.
   c) Execução da análise estática do código e envio das informações para o SonarCloud.
   d) Criação da imagem *docker* com o artefato do projeto do microsserviço.

   e) Envio da imagem criada para o DockerHub.
   f) Criação de uma pasta "manifests" com os arquivos que serão utilizados para a implantação da imagem *docker* no *cluster* do *Azure Kubernetes Services* (AKS).
   g) Criação de uma pasta "bin" que armazenará o artefato gerado (ClienteMS.dll) pelo passo b.
4. Após a finalização do passo da integração contínua, é criada uma *release* (entrega contínua) de forma automática e é realizada a implantação da imagem *docker* gerada no passo 3 no ambiente de teste do *Azure Kubernetes Services*.
5. Neste passo será necessária aprovação de alguma pessoa definida na política da *release* para seguir com a implantação desta no ambiente de produção do *Azure Kubernetes Services*.

Link do projeto público e colaborativo Azure DevOps: <https://dev.azure.com/jornadaazuredevops/Livro%20Jornada%20Azure%20DevOps/>.

Pipeline de integração contínua (CI)

No projeto "Jornada Azure DevOps" foi criado um *pipeline* chamado "exemplo-docker-aks-ci" que contempla os passos descritos. Este *pipeline* foi criado utilizando o conceito de *pipeline* como código (arquivo azure-pipelines.yml). Foram criados e configurados dois "Service Connections" utilizados nesse *pipeline*: DockerHub e SonarCloud. Esses "Service Connections" são necessários para acessar os serviços externos ao Azure DevOps.

```
# https://docs.microsoft.com/azure/devops/pipelines/languages/docker

trigger:
- master

# Seta as váriaveis a serem utilizandas neste pipeline
variables:
  buildConfiguration: 'Release'
  # Container registry service connection established during pipeline creation
  dockerRegistryServiceConnection: 'DockerHub'
  imageRepository: 'jornadaazuredevops/clientems'
  dockerfilePath: '**/ClienteMS/Dockerfile'
  tag: '$(version)'
```

```
  # Seta a imagem a ser utilizada neste pipeline
  vmImageName: 'ubuntu-latest'

stages:
- stage: Build
  displayName: Build stage
  jobs:
  - job: Build
    displayName: Build
    pool:
      vmImage: $(vmImageName)
    steps:

    # Seta os parâmetros a serem utilizando no SonarCloud
    - task: SonarCloudPrepare@1
      displayName: 'Prepare Analysis Configuration'
      inputs:
        SonarCloud: 'SonarCloud'
        organization: 'jornadaazuredevops'
        scannerMode: 'MSBuild'
        projectKey: 'jornadaazuredevops _ docker-aks'
        projectName: 'docker-aks'

    # Faz a compilação e construção do projeto .Net Core
    - script: dotnet build --configuration $(buildConfiguration)
      displayName: 'dotnet build $(buildConfiguration)'

    # Executa a análise de código
    - task: SonarCloudAnalyze@1
      displayName: 'Run Code Analysis'

    # Faz a publicação do resultado da análise de código no SonarCloud
    - task: SonarCloudPublish@1
      displayName: 'Publish Quality Gate Result'
      inputs:
        pollingTimeoutSec: '300'

    # Cria a imagem docker e publica a mesma no docker hub
    - task: Docker@2
     displayName: Build and push an image to container registry
     inputs:
       command: buildAndPush
       repository: $(imageRepository)
```

```
          dockerfile: $(dockerfilePath)
          containerRegistry: $(dockerRegistryServiceConnection)
          tags: |
            $(tag)

      # Publica os arquivos de manifestos na pasta manifests
      - publish: $(System.DefaultWorkingDirectory)/ClienteMS/Manifests
        artifact: manifests
        displayName: 'copy Manifests files to manifests folder'

      # Publica o arquivo ClienteMS.dll resultante da compilação e contrução
na pasta bin
      - publish: $(System.DefaultWorkingDirectory)/ClienteMS/bin/Release/
netcoreapp3.1/ClienteMS.dll
        artifact: bin
        displayName: 'copy ClienteMS.dll to bin folder'
```

Para a execução deste *pipeline* será necessária a criação de uma variável (*variable*) chamada "version" com o valor "1.0". Essa variável é utilizada neste *pipeline* com o nome $(version). Esta representa o valor da *tag* da imagem *docker* que é gerada. Caso seja necessário mostrar mais informações nos arquivos de *logs* durante a execução deste *pipeline*, é necessário criar uma variável chamada "debug" com o valor "true". Dessa forma, serão mostradas mais informações nos arquivos de *logs*, facilitando a solução de problemas.

Exemplo de um *log* da execução do *pipeline* de integração contínua (CI): <https://dev.azure.com/jornadaazuredevops/Livro%20Jornada%20Azure%20DevOps/_build/results?buildId=11&view=logs&j=3dc8fd7e-4368-5a92-293e-d53cefc8c4b3>.

Pipeline de entrega contínua – *Release*

Este *pipeline* é responsável pela implantação da imagem *docker* gerada pela integração contínua no *cluster* do *Azure Kubernetes Services.*

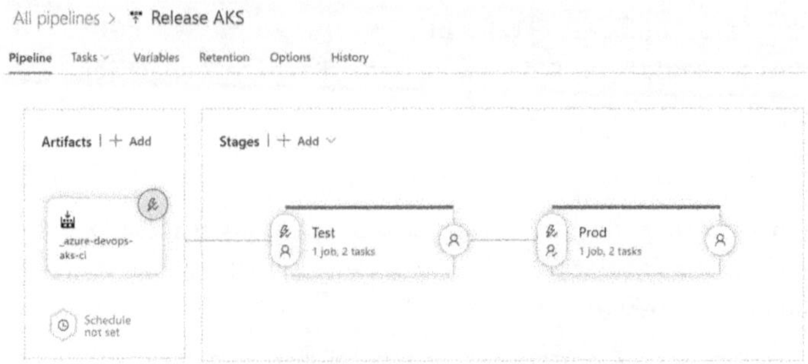

Figura 20.3. *Pipeline* de entrega contínua (CD).
Fonte: versão de janeiro de 2021 do Azure DevOps Nuvem[12]. Autorizada pela Microsoft.

A Figura 20.3 mostra a estrutura deste *pipeline*. Foi adicionado como "Artifacts" o *pipeline* de integração contínua "azure-devops-aks-ci", conforme mostrado na Figura 20.4. Neste *pipeline* são utilizados dois artefatos gerados pelo *pipeline* de CI: deployment.yml e service.yml. O arquivo deployment.yml descreve as configurações para criação dos *Pods* e o arquivo service.yml descreve a configuração para criação do balanceador de carga responsável por distribuir as requisições para o *pool* de *Pods* do microsserviço ClienteMS. Neste *pipeline* são criados dois *stages*: *Test* e *Prod*. O *stage* de *Test* representa o ambiente de teste e o *stage Prod* representa o ambiente de produção. Para cada ambiente utilizamos o conceito de *namespace* do Kubernetes, que é uma partição lógica do *cluster*. Dessa forma, teremos somente um *cluster* do *Azure Kubernetes Services* (AKS), mas com duas partições: *test* e *prod*.

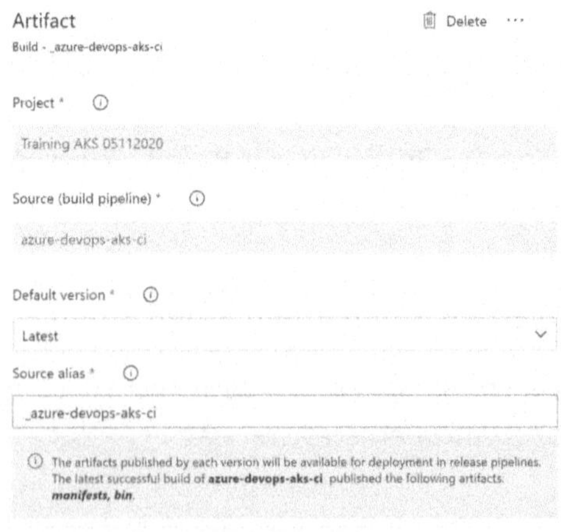

Figura 20.4. *Artifact*.
Fonte: versão de janeiro de 2021 do Azure DevOps Nuvem. Autorizada pela Microsoft.

12 Figuras mais atualizadas podem ser consultadas no nosso projeto público e colaborativo: <https://dev.azure.com/jornadaazuredevops/>.

Figura 20.5. ***Continuous deployment trigger.***
Fonte: versão de janeiro de 2021 do Azure DevOps Nuvem. Autorizada pela Microsoft.

A Figura 20.5 mostra que o "Continuous deployment trigger" foi habilitado. Para habilitar este recurso é necessário clicar no ícone representado por um "raio", mesmo local onde foi adicionado o "Artifacts". Habilitando este recurso, toda vez que o *pipeline* de integração contínua "exemplo-docker-aks-ci" for finalizado, será criada uma "Release" de forma automática, e a implantação será realizada no ambiente de teste. Para a implantação ser realizada no ambiente de produção, será necessária a aprovação de um usuário, pois o *pipeline* foi configurado com essa política, conforme mostrado na figura 20.5. Para configurar essa política é necessário clicar no ícone que representa um raio e um usuário que fica no *stage Prod.* Após a aprovação do usuário, a *release* será implantada no ambiente de produção. Para realizar a aprovação o usuário deverá clicar no *stage* de *Prod* e a Figura 20.6 será mostrada.

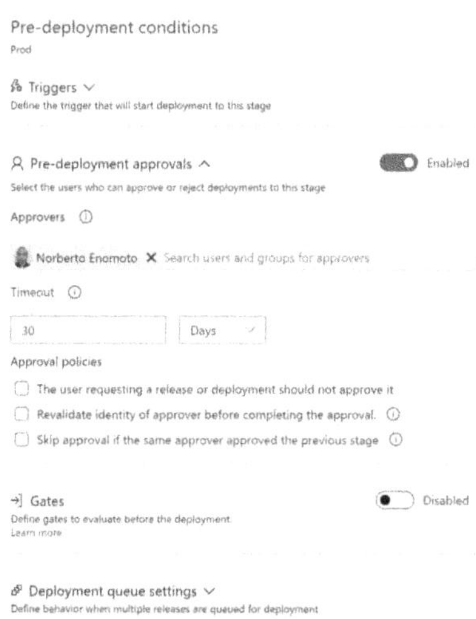

Figura 20.6. ***Pre-deployment conditions.***
Fonte: versão de janeiro de 2021 do Azure DevOps Nuvem. Autorizada pela Microsoft.

Neste *pipeline* são criados dois *stages*: *Test* e *Prod*. Para cada *stage* são utilizadas duas *tasks*: **Kubectl Apply -> *deployment*** e **Kubectl Apply -> *services***. Essas *tasks* são do tipo Kubectl, conforme mostrado na Figura 20.7. Para adicionar essas *tasks* ao *stage*, deve-se selecionar o *stage* no seu *Tasks* e depois clicar no botão "+" do "Agent job". Procure a *task* **Kubectl** e adicione-a ao "Agent Job". O **Kubectl** é um aplicativo de linha de comando (CLI) que interage com o *cluster* do Kubernetes. A *task* "kubectl apply -> Deployment" é responsável por fazer a implantação dos *Pods* no *cluster* do Kubernetes. Já a *task* "kubectl apply -> Service" é responsável por criar o balanceador de carga.

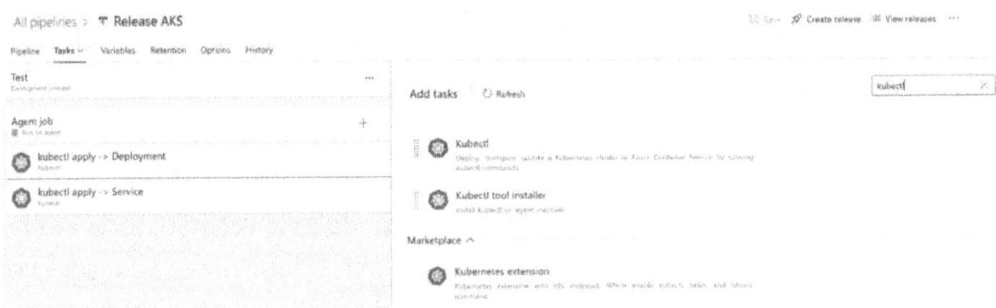

Figura 20.7. *Task* Kubectl.
Fonte: versão de janeiro de 2021 do Azure DevOps Nuvem. Autorizada pela Microsoft.

A Figura 20.7 mostra os parâmetros configurados para as duas Tasks. Deverá ser selecionado o "Kubernetes Service Connection" criado e configurado anteriormente, comando "Apply", *namespace* e o caminho do arquivo YML disponibilizado pelo processo de integração contínua.

Stage Test:

- ✓ **Task "Kubectl apply -> Deployment":**
  - *Namespace*: test
  - *File path*: $(System.DefaultWorkingDirectory)/_azure-devops-aks-ci/manifests/deployment.yml
- ✓ **Task "Kubectl apply -> Service":**
  - *Namespace*: test
  - *File path*: $(System.DefaultWorkingDirectory)/_azure-devops-aks-ci/manifests/service.yml

Stage Prod:

- ✓ **Task "Kubectl apply -> Deployment":**
  - *Namespace*: prod
  - *File path*: $(System.DefaultWorkingDirectory)/_azure-devops-aks-ci/manifests/deployment.yml

✓ **Task "Kubectl apply -> Service":**
- *Namespace*: prod
- *File path*: $(System.DefaultWorkingDirectory)/_azure-devops-aks-ci/manifests/service.yml

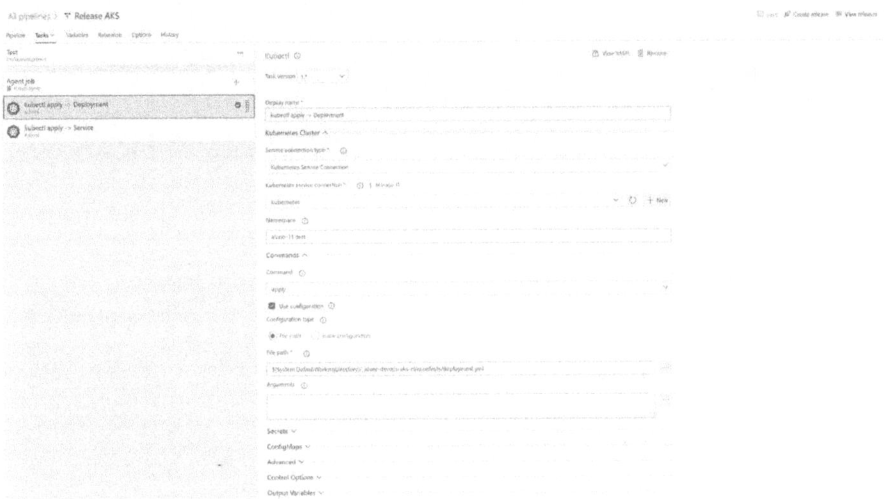

Figura 20.8. *Tasks*.
Fonte: versão de janeiro de 2021 do Azure DevOps Nuvem. Autorizada pela Microsoft.

Após a implantação da *release* no ambiente de *Test* e *Prod*, poderá ser feita a chamada do microsserviço via aplicação *Postman*. Deve-se abrir o terminal e executar o seguinte comando para obter o IP do balanceador de carga do ambiente de teste, conforme mostrado na Figura 20.9: **kubectl get services --namespace=test**.

```
C:\>kubectl get services --namespace=test
NAME        TYPE           CLUSTER-IP     EXTERNAL-IP    PORT(S)        AGE
clientems   LoadBalancer   10.0.99.147    52.251.66.46   80:30032/TCP   100s
```

Figura 20.9. IP do balanceador de carga.
Fonte: os autores.

O **EXTERNAL-IP** será utilizado para fazer a chamada via *Postman*, conforme as figuras 20.10 e 20.11. Primeiramente, será criado um registro via recurso *Post* e depois o registro será recuperado via recurso *Get*. O registro será criado em memória.

Figura 20.10. Criação do registro de cliente.
Fonte: os autores.

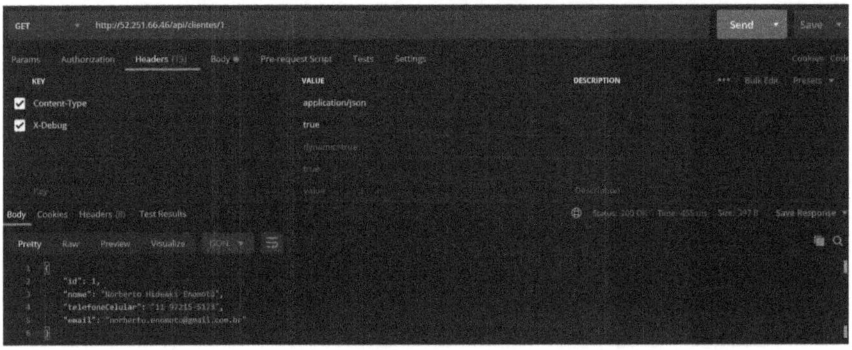

Figura 20.11. Recuperação dos registros de clientes.
Fonte: os autores.

Podemos notar que foi adicionado o parâmetro no *Header Request* "X-Debug=true". Com este parâmetro setado com o valor "true", são retornadas no *Header Response* as informações conforme mostrado na Figura 20.12:

- ✓ **X-Total-Count:** total de requisições que este Pod recebeu.
- ✓ **X-Localhost:** nome do Pod.
- ✓ **X-Kernel:** nome do *kernel* do sistema operacional utilizado na imagem *docker*.
- ✓ **X-Target-Framework:** nome do *framework* utilizado pelo microsserviço.

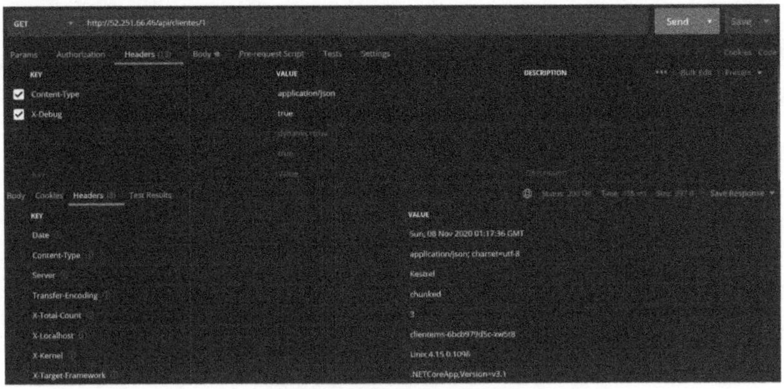

Figura 20.12. ***Headers Reponse.***
Fonte: os autores.

A Figura 20.13 mostra o número de *Pods* que estão em execução no *cluster* do AKS.

```
C:\>kubectl get pods --namespace=test
NAME                         READY   STATUS    RESTARTS   AGE
clientems-6bcb979d5c-hbzhj   1/1     Running   0          20m
clientems-6bcb979d5c-xw5t8   1/1     Running   0          20m
```

Figura 20.13. ***Pods.***
Fonte: os autores.

Para obter o EXTERNAL-IP e os *Pods* do ambiente de produção, deve-se trocar o valor do *namespace* utilizado anteriormente por "prod".

PARTE V.
ANÁLISE ESTATÍSTICA E TESTES

Análises estatísticas fazem parte da segunda maneira do *DevOps* e do conceito de *shift-left*. Aqui vamos falar das principais técnicas que podem ser usadas com o apoio do Azure DevOps: revisão de código manual (*pull request*) e revisão de código automática: SONAR.

Segundo a pirâmide de testes do *DevOps*, devemos priorizar os testes unitários que têm a execução mais rápida do que os testes de aceite e integração.

Além de economizar tempo, outro grande benefício é que os desenvolvedores recebem *feedback* de imediato no teste unitário e fica mais eficiente a correção na origem.

Que tal saber como fazer isso no Azure DevOps? Esta parte vai ajudá-lo nessa missão.

21. Revisão de código manual e *pull request*

Alexandro Ramos Alves
Analia Irigoyen
Joana Carrasco
Pedro Durão Romero
Ricardo Almandos Irigoyen

Um dos objetivos do *code review* é que um desenvolvedor mais sênior olhe o código de um desenvolvedor mais júnior ou que esteja iniciando no projeto para avaliar se o código está de acordo com as melhores práticas, padrões estabelecidos e arquitetura criada para o projeto. Existem várias técnicas que podem ser utilizadas que vamos explicar mais à frente.

Avaliar se o produto definido reflete adequadamente os requisitos especificados (incluindo requisitos do cliente, produto e componentes do produto) é outro objetivo muito importante.

Existem várias definições e tipos de *code review* ressaltados pelo "Jornada DevOps" (MUNIZ et al, 2019).

Um *code review*, em sua essência, é uma conversa sobre um conjunto de alterações propostas.

No início das nossas carreiras, víamos as revisões de código como um exercício principalmente técnico que deveria ser desprovido de preocupações não técnicas.

Agora vemos como uma das poucas oportunidades de aprender e ensinar simultaneamente, além de fortalecer nosso relacionamento com colegas.

Exemplo: uma equipe de desenvolvimento trabalha em conjunto há pelo menos seis meses (alguns muito mais), mas apenas dois membros trabalham há mais tempo.

Devido à familiaridade um com o outro, e devido ao distanciamento pelo momento da pandemia, a maioria das interações diárias ocorre por meio de bate-papo por texto ou vídeo.

As revisões de código geralmente são curtas, mas também a equipe se esforça para se comunicar quando é expressada uma opinião mais forte em relação ao que foi escrito.

Espera-se que a maioria dos desenvolvedores de software participe das revisões de código, estude ou tenha estudado o manual *clean code* de Robert C. Martin (MARTIN, 2012) e, ainda assim, poucos recebem treinamento ou orientação sobre como conduzir e participar de uma revisão de código eficaz.

Os integrantes tentam encontrar a solução mais adequada para um problema, dadas as restrições de tempo, esforço e habilidades de todos os envolvidos.

Mas como temos essa conversa? Como é uma conversa eficaz? E quais são os desafios de participar de uma revisão de código e como você pode superá-los?

As revisões de código ocorrem em uma ampla variedade de contextos, e geralmente as habilidades e a profundidade da experiência dos integrantes variam amplamente.

Em projetos de código aberto, por exemplo, os integrantes podem não ter nenhum tipo de relacionamento pessoal entre si. De fato, eles podem nunca se comunicar fora do processo de revisão de código.

No outro extremo do espectro, há análises de código em que os integrantes têm interações presenciais diárias, como quando todos trabalham na mesma empresa na mesma "tribo" ou "squad".

Um bom integrante ajuda a equipe a participar de uma revisão de código de acordo com o conhecimento que eles têm e dos outros integrantes.

Embora seja importante ajustar o estilo de comunicação de acordo com o destinatário pretendido, este é influenciado por três fatores principais:

- ✓ Objetivo da revisão do código.
- ✓ Público-alvo.
- ✓ Relacionamento da pessoa com o público.

Para identificar o objetivo de uma revisão de código, há que se atentar a propósitos técnicos e culturais:

- ✓ Encontrar *bugs* antes de serem integrados.

- ✓ Identificar preocupações de segurança e garantir consistência de estilo com a base de código existente.
- ✓ Manter a qualidade do código, treinar, promover um maior senso de propriedade e dar a outros mantenedores a oportunidade de se familiarizar com o código antes de integrá-lo são apenas alguns dos motivos pelos quais você pode ser solicitado a participar de análises de código.
- ✓ Saiba por que você está participando de uma revisão de código com antecedência.

Independentemente do motivo pelo qual você está realizando uma revisão de código, é importante entender e respeitar os propósitos que as revisões de código servem para o "codebase". Infelizmente, não é incomum que o objetivo das revisões de código seja mal definido ou inexistente. Nesse caso, depois de determinar que as alterações propostas são necessárias e agregam valor, sugerimos rever as questões de correção, identificação de *bugs* e segurança.

Seguindo essas preocupações, o *code review* pode ser atrelado à qualidade geral e à manutenção a longo prazo das alterações propostas.

O que incluir nas submissões de código, que geralmente começam com um integrante da equipe enviando um conjunto de alterações propostas para o projeto?

- ✓ Uma descrição clara e útil das alterações e fornecer uma visão geral do motivo pelo qual as alterações são necessárias.
- ✓ O escopo da mudança.
- ✓ Áreas às quais os revisores podem querer dar atenção especial.
- ✓ Sutilezas que precisam de esclarecimentos.
- ✓ Detalhes que podem ajudar os revisores a entender melhor o pacote enviado.

Dependendo da complexidade das alterações, os revisores podem encontrar uma *overview* das trocas que o remetente fez no pacote enviado para entender melhor por que a mudança é a mais apropriada das alternativas possíveis.

A comunicação por escrito sobre assuntos técnicos pode ser difícil, as pessoas têm tempo limitado e cada um de nós está em uma jornada para enfrentar desafios e crescimento pessoal.

Nas revisões de código, todo participante tem um papel a desempenhar, cada um com seu próprio conjunto de objetivos:

- ✓ Como desenvolvedor, esforce-se para ser o mais claro possível. Em caso de dúvida, seja descritivo.
- ✓ Como leigo, faça perguntas quando algo não estiver claro.
- ✓ Como revisor, seja gentil quando alguém usar seu tempo para enviar um novo pacote ao projeto.
- ✓ Como remetente, perdoe quando seu pacote não for revisado no prazo que você preferir.

Independentemente do papel do integrante da equipe no processo de revisão, respeite que outros podem estar em um momento diferente em sua jornada e assuma que todos os integrantes estão envolvidos no processo de boa-fé devido aos valores e objetivos compartilhados. O processo é mais fácil quando se assume que todos os outros integrantes estão fazendo o máximo para ajudá-lo a crescer e melhorar.

Pull request

Um *pull request* é aberto quando é necessário subirmos uma nova atualização de código para a *branch* específica, e essa atualização só ocorre depois da aprovação da equipe. Pode ser definido um número mínimo de aprovadores, porém é necessário que tenhamos pelo menos um a realizar essa autorização. Esses aprovadores podem ser definidos tanto no *pull request* quanto nas políticas do projeto.

O *pull request* facilita a colaboração dos desenvolvedores com uma interface fácil de usar para discutir alterações antes de realizarmos as entregas. Podemos notar que, mais do que simplesmente encontrar *bugs*, tanto o *code review* quanto a abertura de um novo *pull request* entrega um valor muito maior à equipe de desenvolvimento, gerando qualidade ao código.

Configuração no Azure DevOps

A seguir detalharemos a configuração de um *pull request*.

1. Clicar no menu da esquerda em "Board" e em seguida em "Work Item".
2. Criar um novo "Work Item".

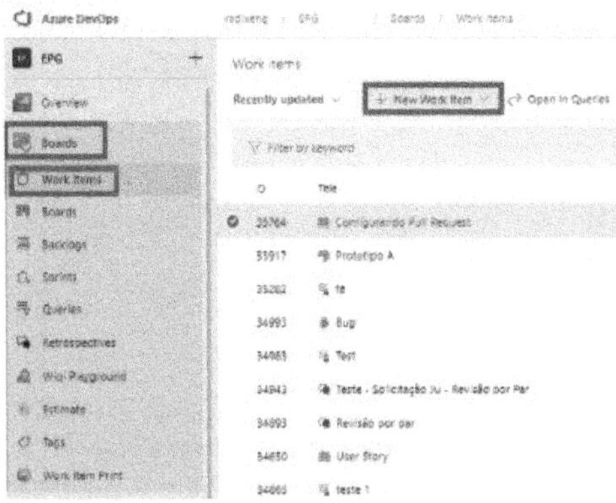

Figura 21.1. Criando novo *work item*.
Fonte: versão de janeiro de 2021 do Azure DevOps Nuvem[13]. Autorizada pela Microsoft.

Em seguida definiremos o tipo de "Work Item" a ser utilizado – e nesse caso optamos por uma "User Story".

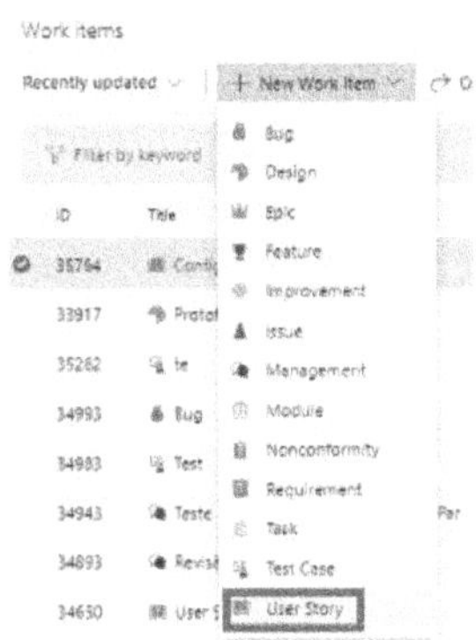

Figura 21.2. Criando *User Story*.
Fonte: versão de janeiro de 2021 do Azure DevOps Nuvem. Autorizada pela Microsoft.

Após escolhermos a *User Story*, é importante definirmos:

1. Nome.
2. Status como "Active".
3. Uma nova *branch* em "Add Link".

[13] Figuras mais atualizadas podem ser consultadas no nosso projeto público e colaborativo: <https://dev.azure.com/jornadaazuredevops/>.

Figura 21.3. Associando *work item* a *branch*.
Fonte: versão de janeiro de 2021 do Azure DevOps Nuvem. Autorizada pela Microsoft.

Ao clicar em "Add link" criaremos uma nova *branch*, e é importante configurarmos como será a *branch* em questão.

No nosso caso, essa será a configuração:

1. Escrever o nome da *branch* com o padrão "Story/...".
2. Escolher o projeto em que será criada a *branch*.
3. Selecionar a *branch* destino, que no nosso caso será *dev*.
4. Associar a *branch* ao *work item* da *Story* existente.

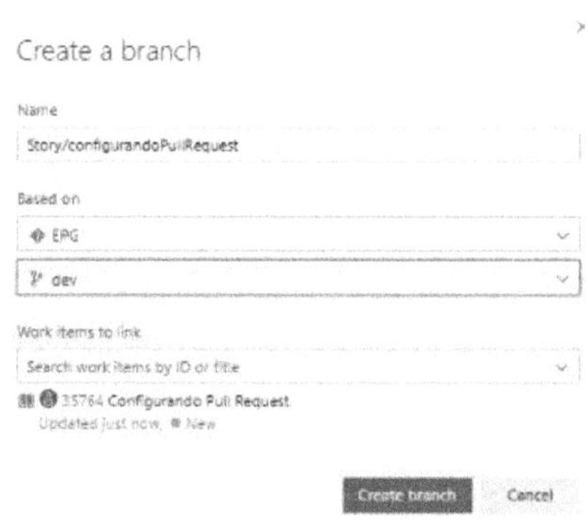

Figura 21.4. Criando *branch*.
Fonte: versão de janeiro de 2021 do Azure DevOps Nuvem. Autorizada pela Microsoft.

Você será redirecionado para a tela a seguir. Caso não seja redirecionado, vá em "Repos -> Files".

Após a *branch* ter sido criada, será necessário fazer a alteração no código ou a inserção de um arquivo. Ou seja, faremos um novo *commit*.

O *commit* pode ser realizado de duas maneiras:

1. Arrastando o arquivo para a tela "Repos -> Files".
2. Na tela "Repos -> Files", clique nos três pontos no canto superior direito e vá em "Upload File".

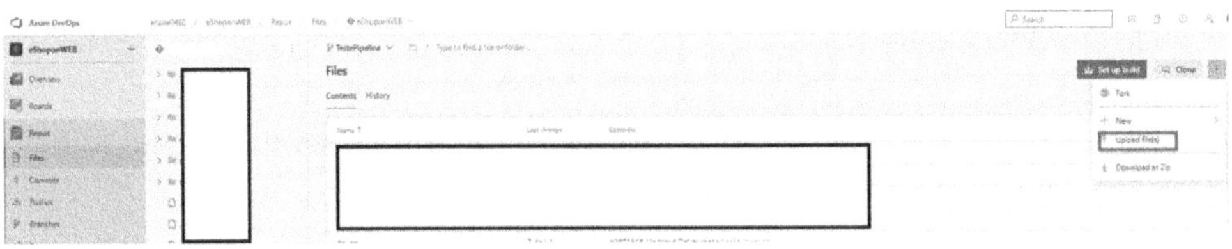

Figura 21.5. Atualização de arquivo e realização de um *commit*.
Fonte: versão de janeiro de 2021 do Azure DevOps Nuvem. Autorizada pela Microsoft.

Após o *commit* ser criado, é necessário um *pull request*, e ele pode ser feito nessa mesma tela clicando em "Create a pull request".

Figura 21.6, Criando *pull request*.
Fonte: versão de janeiro de 2021 do Azure DevOps Nuvem. Autorizada pela Microsoft.

Caso não apareça essa possibilidade, também poderá ser solicitado na tela específica indo no menu lateral esquerdo clicando em "Repos -> Pull Requests -> New Pull Request".

Independentemente da forma que escolher, aparecerá a tela a seguir:

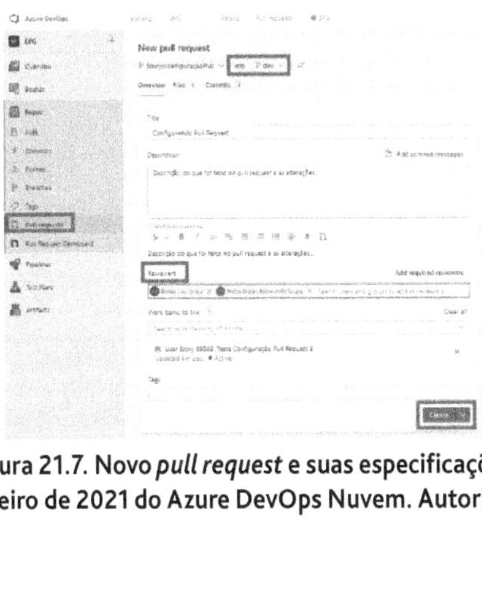

Figura 21.7. Novo *pull request* e suas especificações.
Fonte: versão de janeiro de 2021 do Azure DevOps Nuvem. Autorizada pela Microsoft.

Vale ressaltar que primeiro criamos o *pull request* para a *Dev.* E se for aprovado pela equipe de revisores, posteriormente faremos o *merge* para a *master.* Agora, basta preencher os campos e clicar em "Create".

Após a criação, os revisores receberão uma notificação para aprovação do *pull request.* Essa notificação será enviada tanto por e-mail quanto pelo próprio Azure DevOps, ficando em "Pull Request".

Importante deixar claro que o *pull request* só é aprovado se atender a todas as políticas exigidas e previamente configuradas.

Caso algum revisor tenha feito algum comentário para que você altere seu arquivo, siga o próximo passo.

Figura 21.8. Painel *pull request* e suas configurações.
Fonte: versão de janeiro de 2021 do Azure DevOps Nuvem. Autorizada pela Microsoft.

Faça as alterações necessárias e coloque o novo arquivo alterado (mantenha o mesmo nome) dentro da pasta "files".

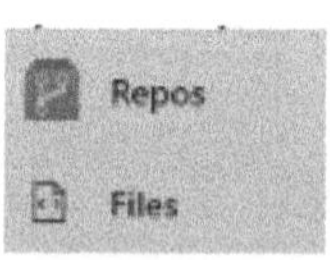

Figura 21.9. Repositório para inclusão de arquivo atualizado.
Fonte: versão de janeiro de 2021 do Azure DevOps Nuvem. Autorizada pela Microsoft.

Após as devidas alterações é necessário que façamos um novo *commit*, conforme imagem a seguir:

Figura 21.10. Nova atualização, novo *commit*.
Fonte: versão de janeiro de 2021 do Azure DevOps Nuvem. Autorizada pela Microsoft.

Como o arquivo possui o mesmo nome, será considerado automaticamente como uma atualização, realizada automaticamente pelo próprio Azure DevOps. Com todos os comentários resolvidos e a(s) aprovação(ões), aperte "Complete" para que o *pull request* seja finalizado.

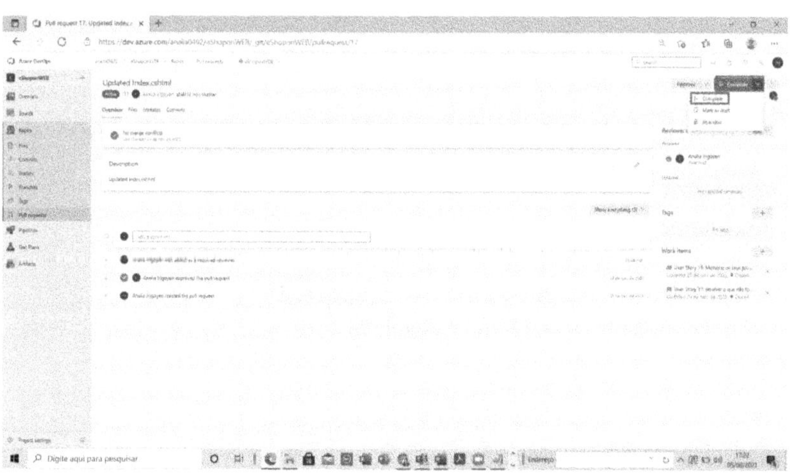

Figura 21.11. Finalizando *pull request*.
Fonte: versão de janeiro de 2021 do Azure DevOps Nuvem. Autorizada pela Microsoft.

Após o *complete*, iremos realizar o *merge* das novas atualizações com a *master*. Para realizar tal passo, é importante avaliarmos todas as informações contidas na imagem a seguir:

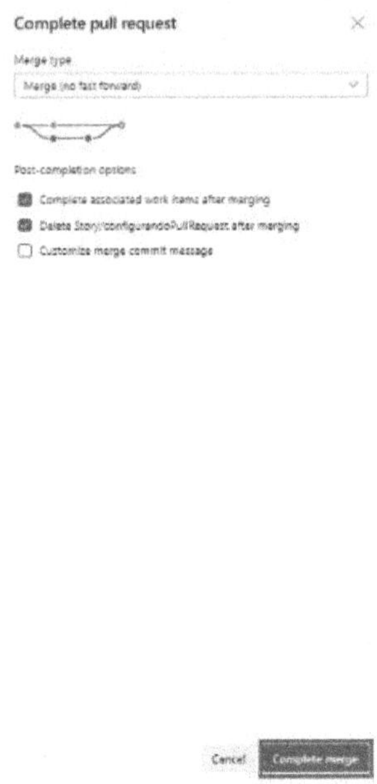

Figura 21.12. Completando *pull request*.
Fonte: versão de janeiro de 2021 do Azure DevOps Nuvem. Autorizada pela Microsoft.

Figura 21.13. *Pull request* finalizado.
Fonte: versão de janeiro de 2021 do Azure DevOps Nuvem. Autorizada pela Microsoft.

Políticas do *pull request*

As políticas do *pull request* firmam a qualidade do código em ambiente de desenvolvimento na medida em que as alterações no código precisam de validações para serem enviadas para a *master*. As políticas auxiliam na proteção das *branches* e facilita o controle e o *tracking* de alterações.

No Azure DevOps existem várias opções de políticas que podem ser habilitadas conforme a necessidade do usuário. Para acessá-las, entre na aba de "Repos" no segmento de "Branches", clique nos três pontos da *master* (ou outra instância) e entre em "Branch policies".

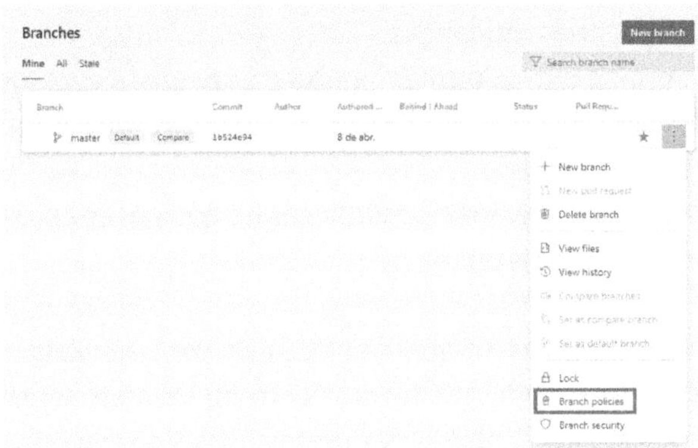

Figura 21.14. *Branch policies*.
Fonte: versão de janeiro de 2021 do Azure DevOps Nuvem. Autorizada pela Microsoft.

Existem quatro itens que podem ser habilitados e configurados conforme necessidade:

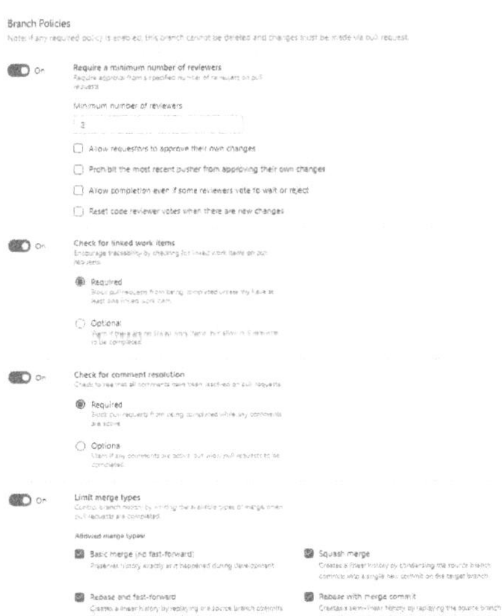

Figura 21.15. Configurando as *branch policies*.
Fonte: versão de janeiro de 2021 do Azure DevOps Nuvem. Autorizada pela Microsoft.

A primeira opção refere-se aos revisores, ou seja, você pode configurar quantos revisores (mínimos) são necessários para aprovar um *pull request* feito em uma *branch*. Isso garante que pelo menos uma pessoa revisou o código, diminuindo a chance de erros serem incluídos na *branch master*.

Existem quatro opções que podem ser marcadas dentro do item:

✓ **"Allow request"**: permite que o usuário que solicitou o *pull request* possa aprovar suas próprias mudanças.
✓ **"Prohibit"**: proíbe que o "pusher" mais recente possa aprovar suas mudanças.
✓ **"Allow completion"**: um *pull request* será aprovado por um revisor, mesmo que outro tenha rejeitado.
✓ **"Reset"**: quando houver novas mudanças no código, as aprovações anteriores dos revisores serão resetadas.

A segunda opção é sobre a rastreabilidade de um *work item/pull request*. Quando criamos um *pull request*, podemos fazê-lo com ou sem um *work item* associado. Marcando a opção "Required", obrigamos os colaboradores do projeto a associar um *work item* para cada *pull request*, facilitando a rastreabilidade do *work item* associado.

A terceira opção trata sobre os comentários feitos pelos revisores que precisam aprovar um *pull request*. Cada revisor pode fazer comentários em cima de um código para resolução de problemas, otimização etc. Caso esta opção esteja como obrigatória, o *pull request* só poderá ser aprovado caso todos os comentários feitos (se existirem) tiverem sido solucionados pelo usuário e validados pelo revisor. Isso garante duas validações, tanto a do *pull request* como um todo, como para cada alteração que o revisor pediu e ele mesmo validou como concluída.

A última opção pode ser utilizada para controles diferentes dos *merges* após a aprovação do *pull request*.

Como é possível perceber, o Azure DevOps apoia a boa prática de revisão por pares que é uma das sugestões de boas práticas *DevOps* para garantir a qualidade do código. Nessa mesma linha, a implementação da política de *pull request* garante a objetividade dessas revisões e do cumprimento de itens importantes considerados em uma gestão de mudança, tais como só permitir o *commit* de códigos com a aprovação de líderes técnicos e o cumprimento de critérios técnicos nessa revisão.

22. Revisão de código automatizada

Joana Carrasco
Marcelo Nascimento Costa
Marina Alckmin

A estratégia de análise estática de código automatizada apresenta os ganhos obtidos pela análise estática de código manual feita através do *pull request* (*code review*) junto com a capacidade da análise de código feita por um robô em larga escala.

Conforme vimos no Capítulo 21, o Azure DevOps possui um forte suporte aos *pull requests*, porém não possui uma ferramenta nativa para análise estática de código automatizada. No entanto, possui uma integração completa com o SonarQube, uma das ferramentas mais importantes do mercado. Para implementar essa integração, deve-se acessar o *marketplace* do Azure DevOps[14] e instalar a extensão do SonarQube. A instalação da extensão será detalhada no Capítulo 25.

A ferramenta SonarQube é uma plataforma de código aberto desenvolvida pela SonarSource para inspeção contínua da qualidade do código para realizar revisões automáticas com análise estática de código para detectar *bugs*, códigos malcheirosos e vulnerabilidades de segurança em mais de 27 linguagens de programação. O SonarQube oferece relatórios sobre código duplicado, padrões de codificação, testes de unidade, cobertura de código, complexidade de código, comentários, *bugs* e vulnerabilidades de segurança (SONARQUBE, s.d.).

Nas próximas seções serão apresentados os detalhes para a configuração da integração do Azure DevOps com o SonarQube.

---

14 <https://marketplace.visualstudio.com/items?itemName=SonarSource.sonarqube>.

SonarQube

Configuração no Azure DevOps

Após a inicialização do serviço do Sonar, é necessário fazermos uma configuração no projeto do Azure DevOps para vincularmos o nosso *pipeline* à análise de qualidade do software.

Como critério demonstrativo, usaremos um projeto como exemplo.

Na página do projeto no Azure DevOps, clicaremos em "Project Settings" para realizarmos a configuração do "Service Connections", para que dessa forma o Sonar consiga "enxergar" o nosso projeto no Azure, conforme sequência a seguir:

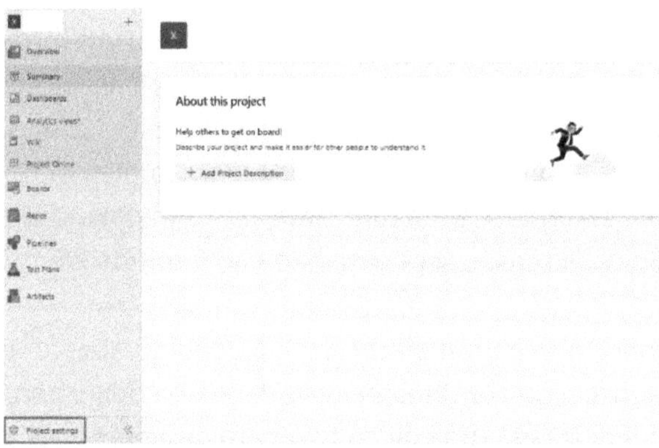

Figura 22.1. *Project Settings* do Azure DevOps.
Fonte: versão de janeiro de 2021 do Azure DevOps Nuvem[15]. Autorizada pela Microsoft.

Clique em "Service Connections".

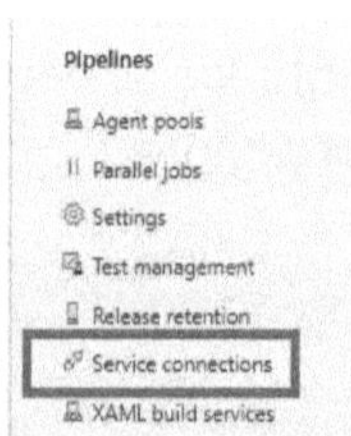

Figura 22.2. Opção *Service connections* do Azure DevOps.
Fonte: versão de janeiro de 2021 do Azure DevOps Nuvem. Autorizada pela Microsoft.

---

[15] Figuras mais atualizadas podem ser consultadas no nosso projeto público e colaborativo: <https://dev.azure.com/jornadaazuredevops>.

Na próxima tela, "New service connection", iremos procurar pelo "SonarQube" e em seguida clicar em "Next".

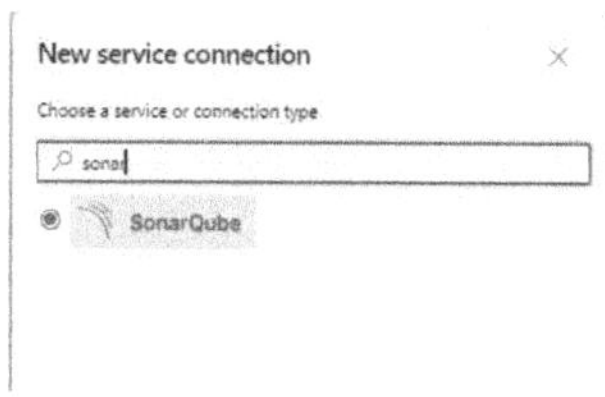

Figura 22.3. Opção *New service connection* do Azure DevOps.
Fonte: versão de janeiro de 2021 do Azure DevOps Nuvem. Autorizada pela Microsoft.

Preencheremos as seguintes informações na próxima tela:

Figura 22.4. Opções do *service connection* no Azure DevOps.
Fonte: versão de janeiro de 2021 do Azure DevOps Nuvem. Autorizada pela Microsoft.

- ✓ **Server Url** – Domínio.
- ✓ ***Authentication Token*** – Para preenchermos este item, será importante seguirmos os próximos passos dentro do Sonar:

Como gerar *token* no Sonar?

- ✓ Ao acessarmos o link do domínio relacionado ao Sonar, clicaremos em "Conecte-se":

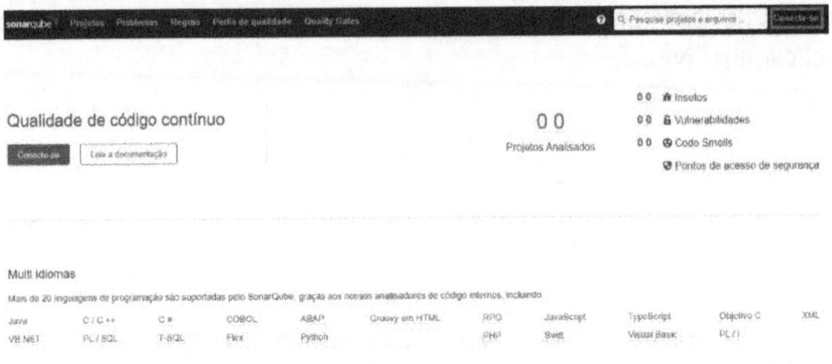

Figura 22.5. Geração de *token* no Sonar.
Fonte: versão de janeiro de 2021 do Azure DevOps Nuvem. Autorizada pela Microsoft.

- ✓ Logaremos com nosso usuário e senha.
- ✓ Clicaremos no ícone da nossa conta (JC) no Sonar e, em seguida, em "Minha conta".

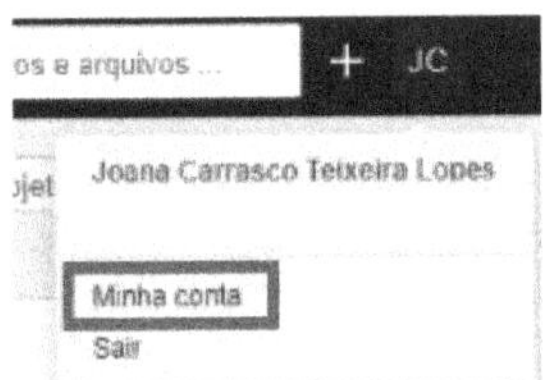

Figura 22.6. Passos para configuração do Sonar.
Fonte: versão de janeiro de 2021 do Azure DevOps Nuvem. Autorizada pela Microsoft.

Na próxima tela, escolheremos a opção "Security", definiremos o nome do "Token" e para finalizarmos clicaremos em "Gerar".

Figura 22.7. Opção Segurança.
Fonte: versão de janeiro de 2021 do Azure DevOps Nuvem. Autorizada pela Microsoft.

Com a informação gerada, o *token* será armazenado para adicionarmos ao Azure DevOps, continuando o processo anterior.

Ao voltarmos para a tela do Azure DevOps:

Figura 22.8. SonarQube *server connection*.
Fonte: versão de janeiro de 2021 do Azure DevOps Nuvem. Autorizada pela Microsoft.

- ✓ Preenchemos o "Service Connection name".
- ✓ Clicamos em "Save".

Pronto, a configuração do SonarQube foi definida no nosso projeto.

Sonar no *pipeline*

O Sonar pode ser configurado em um *pipeline,* com a utilização do YAML, para garantir o rápido *feedback* da qualidade do código.

23. Planejamento e execução de testes

Joana Carrasco
Pedro Durão Romero
Marcelo Nascimento Costa
Fabrício Gama

Nas versões iniciais do Azure DevOps, quando ainda era conhecido como Visual Studio Team System, o planejamento e o controle de testes eram realizados em um módulo separado conhecido como ***Test Manager***. Era necessário um tipo de licença específica de testes para ter acesso à execução do *Test Manager* localmente. No Azure DevOps, o planejamento e a execução dos testes manuais e automatizados foram incorporados à ferramenta.

Neste capítulo, serão apresentados os passos para a utilização das principais funcionalidades de planejamento e execução dos cenários de testes, incluindo também a rastreabilidade dos *bugs* associados aos casos de testes executados. Os *bugs* podem ser gerenciados até a sua correção e fechamento.

Licenciamento e *test plan*

Stakeholder

Fornece acesso parcial e pode ser atribuído a usuários ilimitados gratuitamente. Atribua a usuários sem licença ou assinaturas que precisam acessar um conjunto limitado de recursos.

Basic & Visual Studio Professional

Fornece acesso a todos os recursos incluídos no *Basic*, bem como nos planos de teste do Azure. Atribua a usuários com uma assinatura do Visual Studio Test Professional ou MSDN Platforms e a usuários pelos quais você está pagando pelo acesso dos planos *Basic* em uma organização.

Basic + Test Plans & Visual Studio Enterprise

Atribua aos usuários que já tenham uma assinatura do Visual Studio. O sistema reconhece automaticamente a assinatura do usuário – Visual Studio Enterprise, Visual Studio Professional, Visual Studio Test Professional ou MSDN Platform – e habilita outros recursos incluídos na assinatura. Se você atribuir *Basic* ou *Stakeholder*, eles também receberão seus benefícios de assinatura do Visual Studio ao entrar.

Feature	Stakeholder	Basic & Visual Studio Professional	Basic + Test Plans & Visual Studio Enterprise
Test services in build and release Includes running unit tests with your builds, reviewing and analyzing test results		✓	✓
Test Case Management Includes adding test plans and test suites, creating manual test cases, deleting test artifacts and testing different configurations			✓
Test Execution and Test Analysis Includes running manual, tracking test status and automated tests		✓	✓
Test summary access to Stakeholder license Includes requesting Stakeholder feedback using the Test & Feedback extension	✓	✓	✓

Figura 23.1. Licenciamento e *test plan*.
Fonte: versão de janeiro de 2021 do Azure DevOps Nuvem[16]. Autorizada pela Microsoft.

Configuração de visualização de *bugs*

É importante que seja feita uma configuração de *bugs* no projeto, para que os casos de teste não aprovados sejam visualizados dentro da própria tarefa. Assim, alinhados os *bugs* e casos de testes referentes, a configuração é feita conforme as imagens a seguir.

[16] Figuras mais atualizadas podem ser consultadas no nosso projeto público e colaborativo: <https://dev.azure.com/jornadaazuredevops>.

1 – Ao acessar a página do projeto, basta clicar em "Project settings":

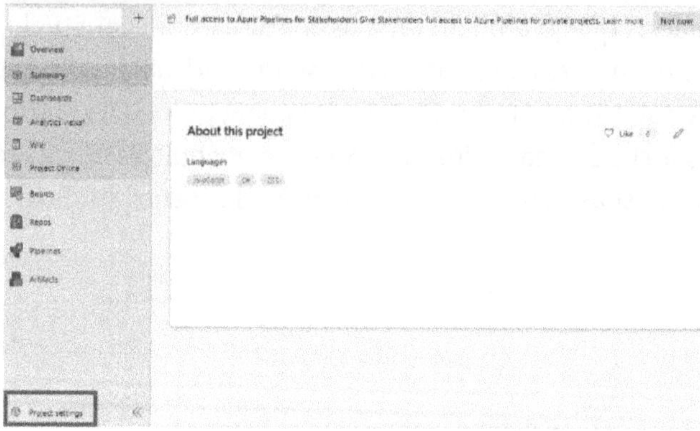

Figura 23.2. Página *Project settings*.
Fonte: versão de janeiro de 2021 do Azure DevOps Nuvem. Autorizada pela Microsoft.

2 – Em seguida, basta clicar em "Team configuration":

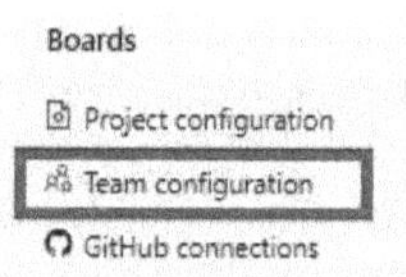

Figura 23.3. *Team configuration*.
Fonte: versão de janeiro de 2021 do Azure DevOps Nuvem. Autorizada pela Microsoft.

3 – Marque em seguida a opção "Bugs are managed with tasks":

Figura 23.4. Marcar opção de *bugs*.
Fonte: versão de janeiro de 2021 do Azure DevOps Nuvem. Autorizada pela Microsoft.

4 – E pronto, os *bugs* agora aparecem junto com a tarefa vinculada.

Criando e executando testes

Os critérios usados para decidir quando e quais *User Stories* vão ser testados são decididos pelo grupo do projeto.

Recomenda-se que o item esteja em estado de *Resolved* e, caso necessário, pode-se criar uma divisão na coluna de *Resolved* para facilitar a decisão de quando pegar o item para teste.

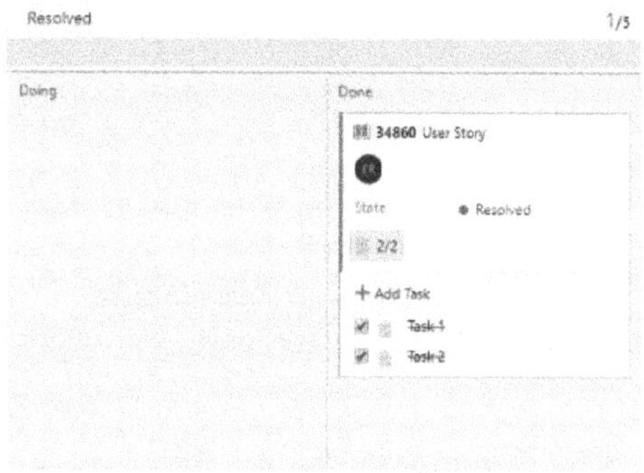

Figura 23.5. Divisão na coluna *Resolved*.
Fonte: versão de janeiro de 2021 do Azure DevOps Nuvem. Autorizada pela Microsoft.

Para habilitar essa configuração, acesse:

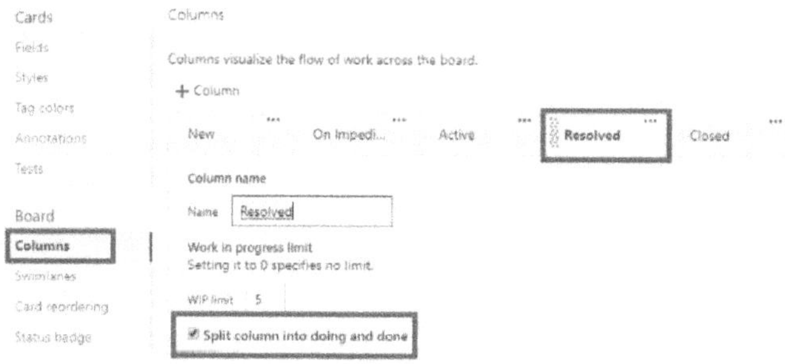

Figura 23.6. Habilitar configuração *Resolved*.
Fonte: versão de janeiro de 2021 do Azure DevOps Nuvem. Autorizada pela Microsoft.

Para adicionar o(s) teste(s) à *User Story*, clique nos três pontos e escolha opção "Add Test".

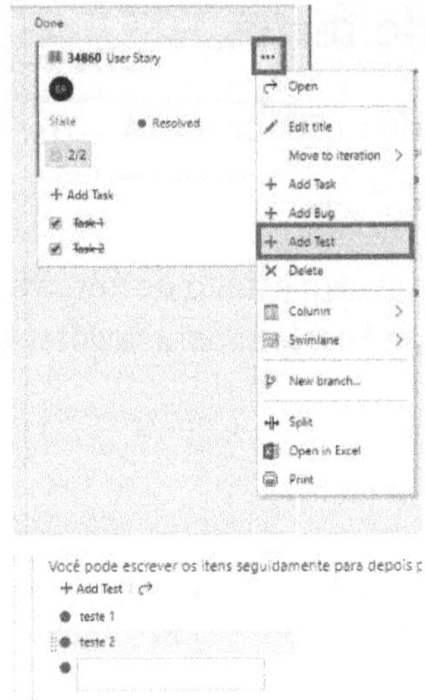

Figura 23.7. Para adicionar um teste.
Fonte: versão de janeiro de 2021 do Azure DevOps Nuvem. Autorizada pela Microsoft.

Você pode escrever os itens seguidamente para depois preenchê-los.

Coloque o nome do teste e preencha as ações, os resultados esperados e salve.

Figura 23.8. Opções de colunas de um teste.
Fonte: versão de janeiro de 2021 do Azure DevOps Nuvem. Autorizada pela Microsoft.

Para facilitar, crie um padrão para o nome dos casos de teste, como: CT01.

Para o rodar o teste, clique nos três pontos no teste específico e clique em "Run test".

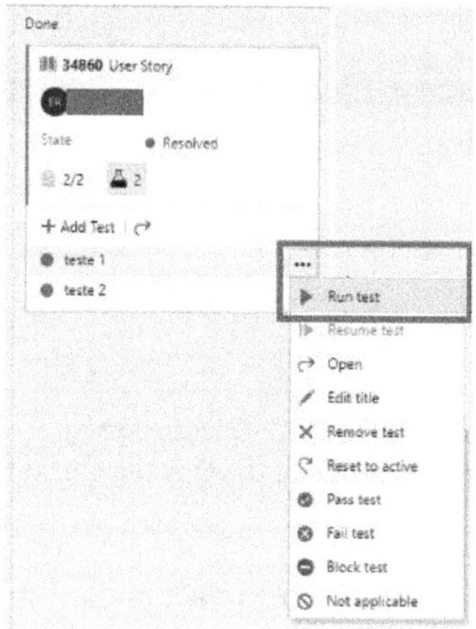

Figura 23.9. Opção de rodar um teste.
Fonte: versão de janeiro de 201 do Azure DevOps Nuvem. Autorizada pela Microsoft.

Observe que existem outras opções que podem definir o estado atual do teste e podem ser escolhidas manualmente.

Uma nova janela será aberta e você poderá preencher cada teste de acordo com o ocorrido.

Caso os testes tenham rodado sem nenhum *bug* e o *Story* relacionado tenha atendido a todos os critérios de aceite, o item pode ir para *Closed*. Caso existam *bugs* nos testes, siga para o próximo passo.

Figura 23.10. Testes sem *bugs*.
Fonte: versão janeiro de 2021 do Azure DevOps Nuvem. Autorizada pela Microsoft.

Escreva uma explicação sobre o mau funcionamento do item em específico e crie um *bug* associado em "Create bug".

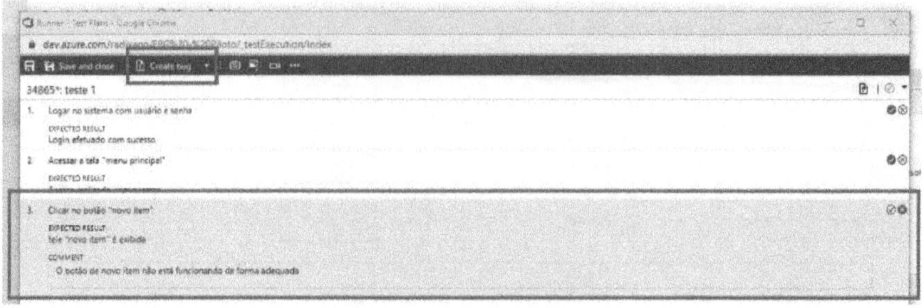

Figura 23.11. Criação do *bug*.
Fonte: versão janeiro de 2021 do Azure DevOps Nuvem. Autorizada pela Microsoft.

Os *bugs* serão trabalhados como definido na sua configuração de visualização; caso a opção seja do *Bug* funcionando dentro da *Story*, ele irá aparecer ao lado do símbolo de teste.

Preencha os campos do *bug* e salve. Não esqueça de salvar o teste também.

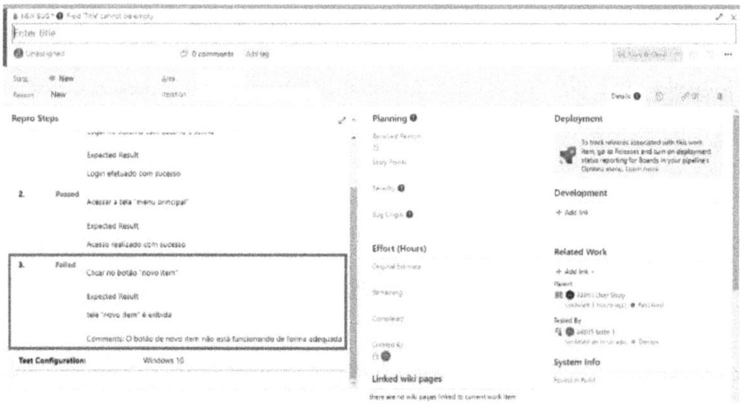

Figura 23.12. Testes que falharam.
Fonte: versão de janeiro de 2021 do Azure DevOps Nuvem. Autorizada pela Microsoft.

O comentário escrito anteriormente aparecerá automaticamente no "Repro Steps". Você pode adicionar um *print* do *bug* ocorrido para complementar o item.

Se o teste possui *bugs*, a *User Story* referente deve voltar ao estado de "Active" até que eles sejam resolvidos pelo desenvolvedor ou outra pessoa à qual o *bug* esteja atribuído.

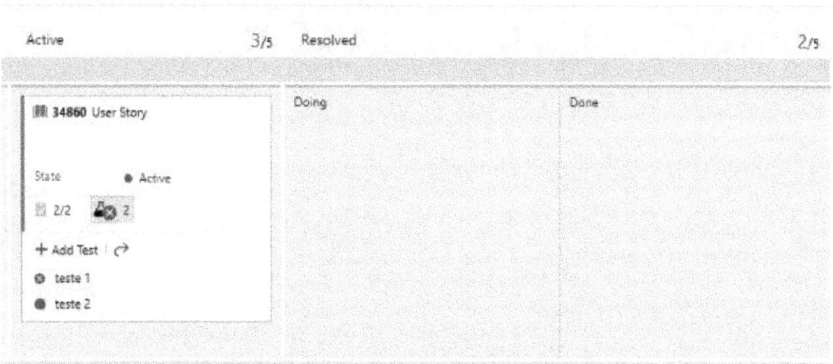

Figura 23.13. Volta ao estado "Active".
Fonte: versão de janeiro de 2021 do Azure DevOps Nuvem. Autorizada pela Microsoft.

24. Automação de testes

Carla Frazão
Fabrício Gama
Analia Irigoyen

Quando falamos de teste de software, imaginamos uma tarefa sendo executada manualmente, voltada para validação de conformidade dos requisitos do produto, com a ideia de uma cadeia menos tecnológica e programática dentre as inúmeras etapas do processo de desenvolvimento de um produto. Essa ideia fazia sentido antes da década dos anos 2010 (observe, apenas dez anos antes da escrita deste livro!), em um cenário de mercado de software ainda muito arcaico. Mas o mercado evoluiu, e o conceito de testes acompanhou essa evolução. Hoje, os testes mudaram de posição no processo de desenvolvimento de software, tornando-se cada vez mais necessários e evoluídos em questões tecnológicas, mais robustos e com uma gama enorme de ferramentas de automação, que abrangem os mais diversos tipos. Essa evolução se deu, em grande parte, com o surgimento do movimento ágil e posteriormente do movimento *DevOps*, onde os testes automatizados têm um papel crucial na criação de um fluxo de desenvolvimento robusto, ágil e, acima de tudo, confiável.

Antes de mais nada, é necessário entendermos que o Azure DevOps, como mencionado ao longo deste livro, é um combinado de várias tecnologias que dão suporte a uma gama de processos que fazem parte da cultura *DevOps*, como: automação, integração contínua (CI), entrega contínua (CD) e também os testes.

Neste capítulo vamos abordar como o Azure DevOps dá suporte para a construção de um bom processo de teste, bem como os tipos de testes que podem ser automatizados utilizando a ferramenta. Diferentemente do que se pensa sobre ferramentas que não são *open source*, o Azure DevOps é uma ferramenta flexível no que tange à linguagem de programação, ou seja, não importa se os seus testes ou a sua aplicação são construídos em C#, Java, Python, Ruby ou qualquer outra linguagem; a ferramenta é consideravelmente democrática quanto a isso.

No Azure DevOps, os testes podem ser classificados segundo a sua forma de execução, que são os testes manuais e os testes automatizados, sendo estes últimos o foco deste capítulo. Um componente essencial da ferramenta que faz o processo automatizado funcionar é o *pipeline*. Diversos tipos de teste podem ser automatizados na ferramenta, porém, a fim de não ficar muito extenso, iremos destacar dois tipos: os testes funcionais *end-to-end* e os testes de integração.

Testes *end-to-end* com Selenium

Um dos mais famosos *frameworks* de automação de testes funcionais *end-to-end* é o Selenium – como o site da própria ferramenta diz, "Selenium automatiza navegadores", ou seja, é feito principalmente para poder automatizar testes em aplicações *web*. Trabalhar com Selenium é muito simples utilizando o Azure DevOps, não precisa instalar nenhum *plug-in* ou serviço externo, basta que este esteja presente no seu projeto de teste. Tendo isso em mente, precisamos criar um *pipeline* para começar a gerar os seus processos automatizados de teste. Nesse *pipeline*, algumas tarefas são adicionadas para que seja possível executar os testes de acordo com o tipo de projeto. No caso do Selenium, é necessário adicionar o Visual Studio Tasks, que é responsável por executar os seus testes no seu agente. Além disso, outras tarefas como *Publish Test Results* podem ser adicionadas, que, como a própria Microsoft diz, é usada para "publicar resultados de teste nos *pipelines* do Azure ou TFS quando os testes são executados para fornecer uma experiência abrangente de relatórios e análises de teste". Sendo assim, este é necessário caso se deseje guardar o resultado da execução do *pipeline* de teste mais detalhado.

Teste de integração com Newman

Muitas pessoas se enganam ao achar que o Postman é uma ferramenta simples para validar chamadas de APIs. Com esta ferramenta é possível ir além, criando coleções (*collections*) de chamadas e variáveis de ambientes, por exemplo, para organizar e facilitar o trabalho. Newman, uma ferramenta equivalente ao Postman, é um executor de *collections* através de linhas de comando. O Newman foi construído pensando em extensibilidade, para que pudéssemos facilmente integrá-lo a serviços como o Azure DevOps e muitos outros. Com o Newman, é possível rodar testes de APIs diretamente de *pipelines* de integração CI/CD, através de linhas de comando, como se estivéssemos executando no Postman.

Para realizarmos essa integração entre o Postman/Newman com o Azure DevOps, antes de tudo, precisamos ter as *collections* e as variáveis de ambiente criadas (ou não, dependendo do seu cenário), e também permissão para criação de *pipelines* no Azure DevOps.

De posse dos pré-requisitos citados, podemos pôr a mão na massa. Primeiro é preciso exportar as *collections* do Postman e também as variáveis de ambiente do Postman (opcional, se for o seu cenário). O segundo passo é fazer um *check-in* desses itens no repositório do seu projeto – por exemplo, o Git. Agora, no Azure DevOps, é preciso criar um *pipeline* de *build*. Para facilitar, utilize o editor clássico de *pipelines*, aponte para o repositório onde está a *collection* e defina o nome de seu *pipeline*. Adicione como tarefa do seu *pipeline* de *build* a instalação do Newman através do *script*: `npm install -g newman`. Em seguida, inclua no *pipeline* de *build* uma tarefa de executar os testes do Postman no Newman. Por fim, não se esqueça de incluir também uma tarefa de publicar os resultados dos testes. E é isso. Com esses passos realizados, é possível executar o *pipeline* com as *collections* e obter os resultados dos testes com o padrão visual do Azure DevOps. É possível ainda visualizar os resultados mais recentes das execuções do *pipeline*.

PARTE VI. EXTENSÕES

Não tínhamos como deixar passar esta parte de extensões do Azure DevOps. Sabemos que é um capítulo introdutório, e que vai deixar um gostinho de quero mais, mas temos certeza de que vai ajudar muito você, leitor, a entender a *feature* e a iniciar a sua utilização sem dificuldades.

25. Extensões Azure DevOps

Ricardo Almandos Irigoyen
Analia Irigoyen

Extensões são funcionalidades que podem ser incluídas na sua ferramenta. São também chamadas de *add-on* ou *plug-in* (extensão ou complementos) e usualmente não funcionam de forma independente, precisam estar juntas com a ferramenta. Ex.: navegadores *web* e conexões com banco de dados.

As empresas viram uma grande oportunidade para melhorar suas ferramentas com ajuda de outros desenvolvedores ou parceiros; assim, suas ferramentas podem ser melhoradas e ter integrações que podem amplificar seu uso.

Agora vamos às extensões do Azure DevOps. Você, com perfil de administrador das coleções do projeto ou dono da organização, pode fazer *upload*, instalar e atribuir extensões no seu Azure DevOps para customizar e estender as funcionalidades já existentes ou incluir novas. Essas extensões são encontradas no *marketplace*, um catálogo de soluções para parceiros ISV (parceiros independentes de software) que podem criar, publicar e gerenciar suas ofertas comerciais no *Partner Center*.

As extensões podem ser incluídas a nível de organização ou nível de projeto. Clique no menu da parte superior do lado direito e busque o ícone de uma cestinha.

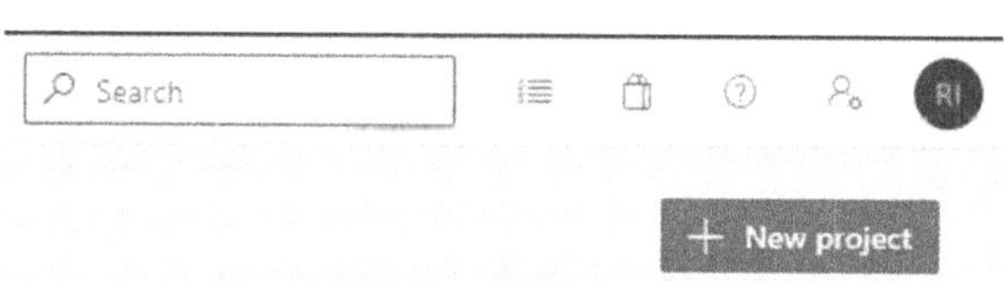

Figura 25.1. Menu superior.
Fonte: versão de janeiro de 2021 do Azure DevOps Nuvem[17]. Autorizada pela Microsoft.

[17] Figuras mais atualizadas podem ser consultadas no nosso projeto público e colaborativo: <https://dev.azure.com/jornadaazuredevops/>.

Você terá duas opções: "Manage extensions" (administrar extensões existentes) ou "Browse marketplace" (buscar uma nova).

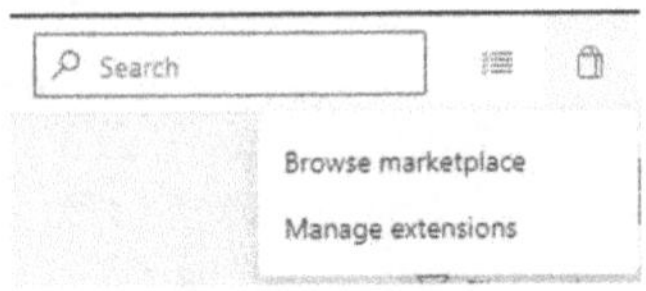

Figura 25.2. Submenu.
Fonte: versão de janeiro de 2021 do Azure DevOps Nuvem. Autorizada pela Microsoft.

Em "Manage extensions", você vai conseguir visualizar suas extensões instaladas, compartilhadas com você e as solicitadas por outros membros da organização.

Em "Browse marketplace" você cai na página de extensões do Azure DevOps. Você encontrará várias categorias e se elas são *trial*, grátis ou pagas.

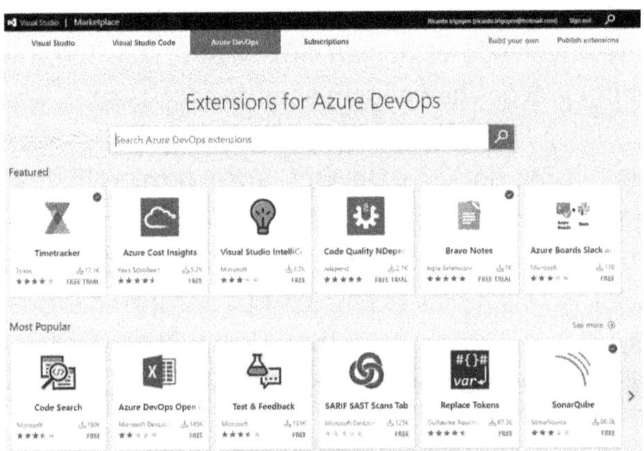

Figura 25.3. Página de extensões.
Fonte: versão de janeiro de 2021 do Azure DevOps Nuvem. Autorizada pela Microsoft.

Para adicionar, basta clicar no ícone da extensão escolhida – neste exemplo vamos instalar o SonarQube.

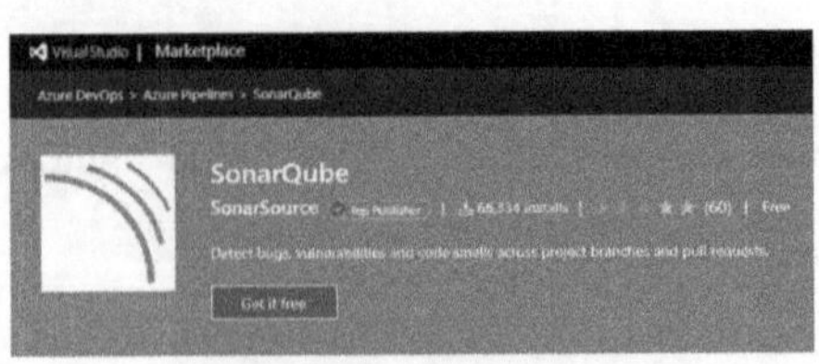

Figura 25.4. SonarQube.
Fonte: versão de janeiro de 2021 do Azure DevOps Nuvem. Autorizada pela Microsoft.

Clicando no ícone vamos para uma tela onde existem algumas informações da extensão: uma breve descrição com informações gerais, perguntas e respostas feitas por usuários e um link para a página da comunidade, onde você vai encontrar várias questões e dúvidas de outros usuários e as opiniões sobre a ferramenta dadas por outros usuários com sua respectiva classificação.

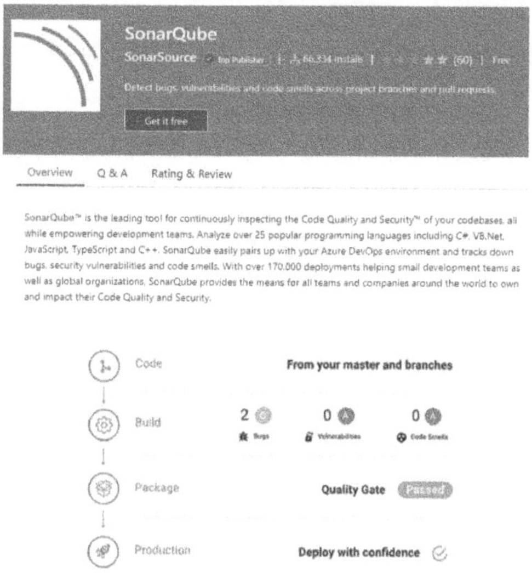

Figura 25.5. Informações do SonarQube.
Fonte: versão de janeiro de 2021 do Azure DevOps Nuvem. Autorizada pela Microsoft.

Clicando em "Get it free" você será redirecionado para a página onde vai escolher as organizações que estão associadas a seu *login*. Escolha a organização e clique em "Install" ou faça *download* para o Azure DevOps Server (*on premise*).

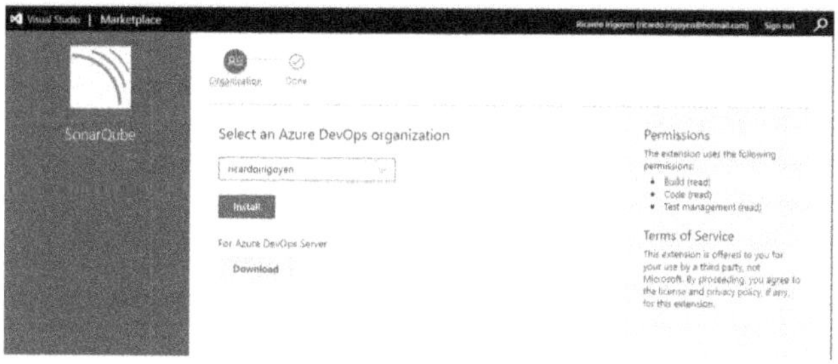

Figura 25.6. Instalar SonarQube.
Fonte: versão de janeiro de 2021 do Azure DevOps Nuvem. Autorizada pela Microsoft.

Após clicar em "Install", você receberá uma mensagem como a seguir:

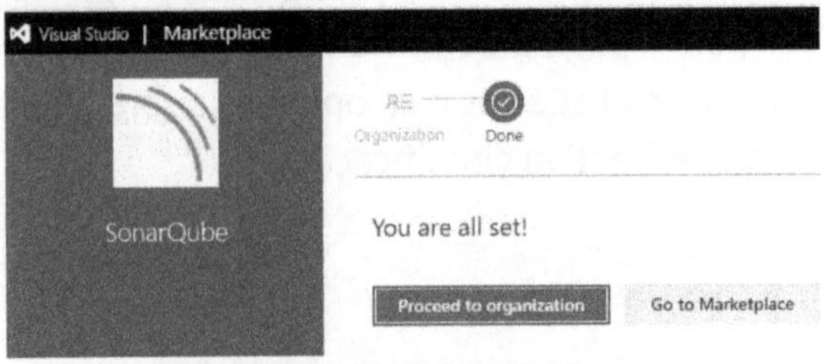

Figura 25.7. SonarQube instalado.
Fonte: versão de janeiro de 2021 do Azure DevOps Nuvem. Autorizada pela Microsoft.

Agora você pode ir na página para administrar suas extensões e aproveitar a nova funcionalidade disponível para seu projeto.

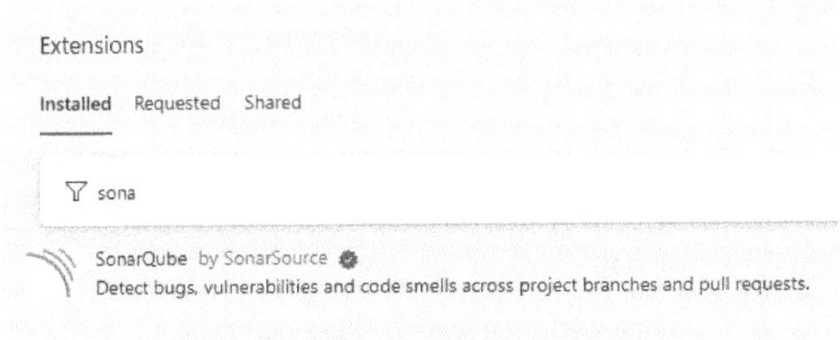

Figura 25.8. SonarQube no projeto.
Fonte: versão de janeiro de 2021 do Azure DevOps Nuvem. Autorizada pela Microsoft.

Para saber mais informações sobre a extensão, como data de instalação, versão, histórico de uso e para desinstalar, basta clicar no ícone da extensão.

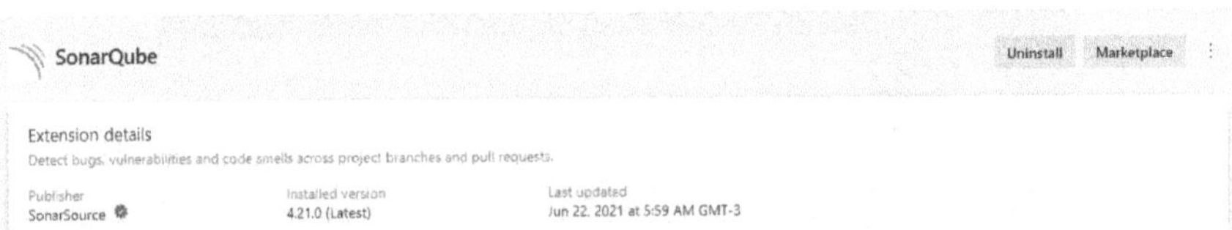

Figura 25.9. SonarQube opções.
Fonte: versão de janeiro de 2021 do Azure DevOps Nuvem. Autorizada pela Microsoft.

PARTE VII.
CASE

Nesta parte estamos compartilhando com vocês um *case* de utilização do Azure DevOps, lições aprendidas e dificuldades.

26. Um *case* da utilização do Azure DevOps

Felipe Pimentel Augusto

Cenário inicial

Quando cheguei na organização, na minha primeira semana de trabalho, eu pouco abri ferramentas de desenvolvimento ou análise. Queria conhecer as pessoas que estavam trabalhando na equipe. Afinal, era a minha primeira experiência como arquiteto de software. Apesar de me achar capaz, era uma posição nova em uma empresa nova e, por ter estudado muito para me preparar para a nova posição, sabia que existia uma lacuna grande entre a parte conceitual e a parte prática. O arquiteto, além de ter conhecimento técnico, precisa ter carisma e conquistar a confiança do time. Portanto, me dediquei em conversar com as pessoas e observar seus comportamentos. Queria conhecer os processos de elaboração de requisitos, de desenvolvimento, entrega e acompanhamento. E o cenário era muito complexo.

Levantamento de aplicações

Certo dia, durante o meu segundo mês, já deparando com o cenário complexo existente nesta empresa, onde direcionamos as soluções tecnológicas para as áreas de educação, saúde, esporte, lazer, finanças, RH e outros segmentos, me sentia um pouco perdido. Foi então que reuni as equipes de sistemas e os até então especialistas de TI (pessoas encarregadas de interpretar os requisitos de negócio juntos às áreas e de transcrever documentos para os desenvolvedores criarem as soluções) na frente do maior quadro que tínhamos dentro da área de sistemas e comecei a rabiscar quadrados grandes com todas as áreas de negócio que a TI suportava. Dentro desses quadrados grandes, cada colaborador tinha liberdade de escrever em um *post-it* o nome da aplicação que conhecia e colar no quadro dentro da área de negócio adequada. Nesse momento não estava preocupado com qual tecnologia a aplicação foi desenvolvida ou se era um produto de prateleira comprado. Queria ter um escopo inicial do tamanho das aplicações que suportávamos. Ficamos por cerca de duas horas e meia trocando informações e conversando sobre as soluções, e elas pareciam não ter fim. Essa reunião foi muito importante para saber a dimensão do volume de trabalho suportado pela TI. Percebi naquele momento que a área não tinha uma visão *cross*. Acredito que essa foi uma barreira de conhecimento que destruí naquele momento.

Levantamento de servidores de aplicação

Na semana seguinte, aproveitando o embalo do levantamento feito anteriormente, procurei os líderes da área de infraestrutura e solicitei um mapa/*landscape* do parque de servidores que tínhamos. E o documento solicitado não existia, mesmo que desatualizado.

Elaboramos um documento em conjunto e percebi que grande parte dos nossos servidores estava com versões defasadas do sistema operacional e que já não estava com suporte da fabricante e com grandes problemas de segurança por não ter mais diversos *patches* de atualização.

Traçamos então uma estratégia com a demanda de mapear os servidores com acesso interno e externo e as aplicações contidas neles para ter um *roadmap* com as iniciativas críticas com as quais iríamos iniciar os trabalhos de migração.

Levantamento de base de dados

Chegamos então aos nossos servidores de bancos de dados – e acredite, a situação não era diferente. Ao longo dos meus 15 anos dedicados a desenvolvimento de solução, eu enxergava um mar de oportunidades para poder realizar um trabalho que obviamente seria reconhecido pela empresa e pelos integrantes dos times de desenvolvimento, infraestrutura e banco de dados. Então fiz um trabalho similar aos demais, porém mais agressivo. No ambiente de desenvolvimento, por exemplo, depois de um levantamento rápido de dois dias, solicitei o desligamento (*take offline*) de 18 databases dentre os 30 existentes, sobrando apenas 12 bases ativas – fora 15 tabelas, 10 *views* e 76 *stored procedures* existentes no database master. Mas o trabalho envolvia minimamente 22 servidores. Portanto, pense no escopo dessa demanda.

Repositório de sistemas

Os projetos estavam armazenados entre o controle de versão SourceSafe e o TFS.

Quando comecei o trabalho de *refactor*, acredite, nenhuma aplicação conseguia ser compilada ao ser clonada para a máquina do desenvolvedor. Imagine o meu susto. Mas ele ficou maior dois segundos depois, quando me perguntei: se a aplicação não compila a partir do clone do repositório, qual versão está publicada nos ambientes? Minha mente explodiu nesse momento.

Pessoas (papéis e responsabilidade)

A empresa ainda trabalhava em modelos clássicos de desenvolvimento de aplicações (*waterfall*). Eu cheguei com a proposta de apresentar métodos ágeis aplicados no mercado – em 2019 raras eram as pessoas que conheciam o Manifesto Ágil!

Então começamos a traçar um *roadmap* de explicações de novos papéis e responsabilidades:

- ✓ **Os desenvolvedores:** não fossem mais pessoas que ficassem atendendo a chamados e sim focados em desenvolvimento de soluções que compõem o portfólio da organização.
- ✓ **Os gerentes de projetos:** que entendessem que, dentro do modelo ágil, os aspectos sobre gestão de projetos são outros, o escopo é pequeno e as entregas têm valor contínuo. Seu papel era ser um facilitador para o time e que seria muito importante ter conhecimentos de agilidade e do *framework* Scrum que estávamos estudando para adotar na organização.
- ✓ **Os especialistas de negócio:** estes não escreveriam mais os documentos com requisitos funcionais e não funcionais, verdadeiros pergaminhos que se perdiam devido a N versões cada vez que havia uma nova interação com o cliente. Estes seriam nossos *Product Owners* e teriam capacitação para escrever histórias de usuários baseadas em Cucumber e BDD.

Identificação de *gaps*

Nesse momento, já conhecendo um pouco tecnologias, aplicações, infraestrutura e modelo de dados, comecei a observar todos os débitos técnicos que existiam na empresa. Tecnologias obsoletas eram coisas que me forçavam a inovar. Tínhamos aplicações em .Net que estavam no *framework* 1.1. Tínhamos um modelo de criação de demandas pelos especialistas baseado em documentos com escopo gigantesco e que não traduzia a realidade do negócio – documentos que por sua vez tinham requisitos funcionais e não funcionais misturados com regras de negócio e informações de tecnologia (tabelas e colunas dos bancos de dados onde estavam as informações ou onde deveriam ser gravados).

Realizamos um trabalho forte para alinhar as necessidades de negócio com as tecnologias mais atuais do mercado, onde pudemos criar APIs em .Net Core (quando cheguei, não existia nenhum projeto em .Net Core na empresa – estamos falando do ano de 2019). Ninguém conhecia padrões de projeto com DDD, princípios SOLID e os conhecimentos de orientação a objetos estavam perdidos. Não tínhamos nenhum projeto com tecnologias SPA (decidimos adotar o Angular). Não tínhamos nenhum serviço rodando na nuvem. O desafio era gigantesco.

Propostas

Entramos agora no escopo da proposta que visava uma verdadeira revolução no modo da concepção do projeto, do seu desenvolvimento, versionamento, disponibilização em ambientes e telemetria.

Aqui entram em jogo:

- ✓ **Git** – Para realizar o controle de versão.
- ✓ **Azure DevOps** – Para fazer toda a gestão do projeto (itens preconizados pelo *Scrum* como *Epic*, *Features*, *User Story*, *Task* e *Bugs*) e controlar nossas entregas nos repositórios, que agora sofreriam aspectos de qualidade a partir de análise de código, *code review* e *continuous integration* – era acionado um *build* em toda solicitação de *pull request* para a *branch* master.
- ✓ **Application Insights** – Telemetria de absolutamente 100% das aplicações em 100% dos nossos ambientes, sendo estes agora *Dev*, QA (novo) HMG e PRD.

Ações

Vamos identificar os tópicos:

- ✓ Implantação do Azure DevOps
- ✓ Novo sistema de controle de versão
- ✓ *Continuous Integration*
- ✓ *Continuos Deployment*
- ✓ Políticas de aprovação de *pull request*

- ✓ Criação de demandas baseadas em histórias de usuário
- ✓ Telemetria
- ✓ Novos servidores de infraestrutura
- ✓ Ambiente *cloud*
- ✓ Higienização da infraestrutura de banco de dados

Pessoas

Logo que as aplicações entraram no novo sistema de controle de versão Git, estavam sofrendo ações de *build* (*continuous integration*) e entrega contínua (*continuous deployment*). O time de sistemas já conseguiu ver ganhos sólidos.

O que aconteceu em paralelo a toda essa jornada

O primeiro ponto a se ressaltar é que em qualquer processo de mudança existem as pessoas preparadas, as que querem se adaptar e as que ficam pelo caminho por não entender as mudanças que estão acontecendo na jornada de transformação e com isso não buscam se atualizar sob a ótica de novos *frameworks* adotados e práticas de desenvolvimento ágil/*Scrum*/*DevOps*.

Conversando com pessoas sobre a jornada, percebi que esse era um fato normal – felizmente percebi no LinkedIn que algumas dessas pessoas realmente entenderam o propósito e atualizaram seus perfis com novas habilidades, mas infelizmente isso aconteceu depois das mudanças. O mercado obriga e é cruel.

Referências

ANDERSON, David J. **Kanban:** successful evolutionary change for your technology business. Sequim, WA: Blue Hole Press, 2010.

API EVANGELIST. **Three Ways to Use Postman and Azure DevOps.** Jan. 22, 2020. Disponível em: <https://apievangelist.com/2020/01/22/three-ways-to-use-postman-and-azure-devops/>. Acesso em: 20 jun. 2021.

BUIS, Juan. Como o Git mudou a história do controle de versão de software. **Agatetepê**, 20 jun. 2018. Disponível em: <https://www.agatetepe.com.br/como-o-git-mudou-a-historia-do-controle-de-versao-de-software/>. Acesso em: 20 jun. 2021.

CHACON, Scott; STRAUB, Ben. **Pro Git.** 2nd. ed. New York: Springer, 2014.

CVS – CONCURRENT VERSIONS SYSTEM. **Introduction to CVS.** Disponível em: <https://www.nongnu.org/cvs/>. Acesso em: 20 jun. 2021.

DIAS, André Felipe. Conceitos Básicos de Controle de Versão de Software – Centralizado e Distribuído. **Pronus**, 11 maio 2016. Disponível em: <https://blog.pronus.io/posts/conceitos-basicos-de-controle-de-versao-de-software-centralizado-e-distribuido/>. Acesso em: 22 jun. 2021.

DIGITAL.AI. **15th State of Agile Survey.** Disponível em: <https://stateofagile.com>. Acesso em: 22 jun. 2021.

DWECK, Carol S. **Mindset:** the new psychology of success. London: Robinson, 2017.

GAIN, B. Cameron. Using CALMS to Assess an Organization's DevOps **DevOps.com**, May 25, 2018. Disponível em: <https://devops.com/using-calms-to-assess-organizations-devops/>. Acesso em: 20 jun. 2021.

GNU OPERATING SYSTEM. **GNU RCS.** Disponível em: <https://www.gnu.org/software/rcs/rcs.html>. Acesso em: 20 jun. 2021.

GOOGLE. **What is Site Reliability Engineering (SRE)?** Disponível em: <https://sre.google/>. Acesso em: 22 jun. 2021.

HEGDE, Ganesh. How to Configure postman/newman API tests in Azure DevOps or TFS and Publish HTML results? **Medium**, May 16, 2019. Disponível em: <https://medium.com/@ganeshsirsi/how-to-configure-postman-newman-api-tests-in-azure-devops-or-tfs-and-publish-html-results-caf60a25c8b9>. Acesso em: 20 jun. 2021.

IBM. **Rational Unified Process.** Disponível em: <ftp://public.dhe.ibm.com//software/pdf/br/RUP_DS.pdf>.

IRIGOYEN, Analia; MONTONI, Mariano. Capability Counts Series: Reaching CMMI Engineering Practices with DevOps. **ISACA**, Nov. 25, 2020. Disponível em: <https://cmmiinstitute.com/news/blog/capability-counts-series-reaching-cmmi-engineering>. Acesso em: 20 jun. 2021.

KIM, Gene et al. **The DevOps Handbook:** how to create world-class agility, reliability, and security in technology organizations. Portland: IT Revolution Press, 2016.

LARMAN, Craig; VODDE, Bas. **Scaling Lean & Agile Development:** thinking and organizational tools for large-scale Scrum. Upper Saddle River: Addison-Wesley Professional, 2008.

LESS. **Why Less?** Disponível em: <https://less.works/less/framework/why-less.html>. Acesso em: 10 ago. 2021.

LITTLE, Christopher. Jan 2019 – DevOps Agenda. **Gartner**, Jan. 09, 2019. Disponível em: <https://blogs.gartner.com/christopher-little/2019/01/09/jan-2019-devops-agenda/?_ga=2.240777284.611951131.1602715688-864183186.1602715688>. Acesso em: 20 jun. 2021.

LITTLE, Christopher; HERSCHMANN, Joachim. **Avoid Failure by Developing a Toolchain That Enables DevOps.** Gartner, Oct. 11 2017. Disponível em: <https://www.aservo.com/sites/default/files/avoid_failure_by_developing_342329.pdf>. Acesso em: 20 jun. 2021.

MARTIN, Robert C. **O Codificador Limpo:** um código de conduta para programadores profissionais. Rio de Janeiro: Alta Books, 2012.

MICROSOFT. **About access levels.** Sep. 10 2020. Disponível em: <https://docs.microsoft.com/en-us/azure/devops/organizations/security/access-levels?view=azure-devops>. Acesso em: 21 jun. 2021.

MICROSOFT. **About Wikis, READMEs, and Markdown.** July 23, 2020. Disponível em: <https://docs.microsoft.com/en-us/azure/devops/project/wiki/about-readme-wiki?view=azure-devops>. Acesso em: 25 jun. 2021.

MICROSOFT. **Add a rule to a work item type (Inheritance process).** June 07, 2021. Disponível em: <https://docs.microsoft.com/en-us/azure/devops/organizations/settings/work/custom-rules?view=azure-devops>. Acesso em: 21 jun. 2021.

MICROSOFT. **Azure DevOps Feature Timeline – Features under development.** June 17, 2021. Disponível em: <https://docs.microsoft.com/en-us/azure/devops/release-notes/features-timeline#features-under-development>. Acesso em: 21 jun. 2021.

MICROSOFT. **Create and target an environment.** June 02, 2021. Disponível em: <https://docs.microsoft.com/en-us/azure/devops/pipelines/process/environments?view=azure-devops>. Acesso em: 22 jun. 2021.

MICROSOFT. **Decide between using a local or a server workspace.** Oct. 08, 2016. Disponível em <https://docs.microsoft.com/en-us/azure/devops/repos/tfvc/decide-between-using-local-server-workspace?view=azure-devops>. Acesso em: 20 jun. 2021.

MICROSOFT. **Default permissions and access for Azure DevOps.** May 12 2021. Disponível em: <https://docs.microsoft.com/en-us/azure/devops/organizations/security/permissions-access?view=azure-devops>. Acesso em: 21 jun. 2021.

MICROSOFT. **Deploy to a Linux Virtual Machine – Define CD steps to deploy to the Linux VM.** Feb. 24, 2020. Disponível em: <https://docs.microsoft.com/en-us/azure/devops/pipelines/ecosystems/deploy-linux-vm?view=azure-devops&tabs=java#define-cd-steps-to-deploy-to-the-linux-vm>. Acesso em: 21 jun. 2021.

MICROSOFT. **Deploy to a Linux Virtual Machine.** Feb. 24, 2020. Disponível em: <https://docs.microsoft.com/en-us/azure/devops/pipelines/ecosystems/deploy-linux-vm?view=azure-devops&tabs=java>. Acesso em: 21 jun. 2021.

MICROSOFT. **Escolhendo o controle de versão correto para seu projeto.** 12 maio 2017. Disponível em: <https://docs.microsoft.com/pt-br/azure/devops/repos/tfvc/comparison-git-tfvc?view=azure-devops>. Acesso em: 22 jun. 2021.

MICROSOFT. **Estilo de arquitetura de microsserviços.** 30 out. 2019. Disponível em: <https://docs.microsoft.com/pt-br/azure/architecture/guide/architecture-styles/microservices>. Acesso em: 27 jun. 2021.

MICROSOFT. **Extensões do Marketplace para DevOps do Azure.** 23 jul. 2020. Disponível em: <https://docs.microsoft.com/pt-br/azure/devops/marketplace/>. Acesso em: 22 jun. 2021.

MICROSOFT. **Início Rápido: Implantar um cluster do Serviço de Kubernetes do Azure usando a CLI do Azure.** 26 fev. 2021. Disponível em: <https://docs.microsoft.com/pt-br/azure/aks/kubernetes-walkthrough>. Acesso em: 27 jun. 2021.

MICROSOFT. **Key concepts for new Azure Pipelines users.** Apr. 07, 2021. Disponível em: <https://docs.microsoft.com/en-us/azure/devops/pipelines/get-started/key-pipelines-concepts?view=azure-devops>. Acesso em: 21 jun. 2021.

MICROSOFT. **Library.** Aug. 24, 2018. Disponível em: <https://docs.microsoft.com/en-us/azure/devops/pipelines/library/?view=azure-devops>. Acesso em: 22 jun. 2021.

MICROSOFT. **O que é Azure Repos? – Git.** 01 jun. 2020. Disponível em: <https://docs.microsoft.com/pt-br/azure/devops/repos/get-started/what-is-repos?view=azure-devops#git>. Acesso em: 22 jun. 2021.

MICROSOFT. **Provision deployment groups.** Dec. 18, 2020. Disponível em: <https://docs.microsoft.com/en-us/azure/devops/pipelines/release/deployment-groups/?view=azure-devops>. Acesso em 21 jun. 2021.

MICROSOFT. **Service connections.** Mar. 31, 2021. Disponível em: <https://docs.microsoft.com/en-us/azure/devops/pipelines/library/service-endpoints?view=azure-devops&tabs=yaml>. Acesso em: 27 jun. 2021.

MICROSOFT. **Task groups for builds and releases.** Apr. 02 2019. Disponível em: <https://docs.microsoft.com/en-us/azure/devops/pipelines/library/task-groups?view=azure-devops>. Acesso em: 22 jun. 2021.

MICROSOFT. **What is DevOps?** May 12, 2021. Disponível em: <https://docs.microsoft.com/en-us/azure/devops/learn/what-is-devops>. Acesso em 22 jun. 2021.

MICROSOFT. **What is Team Foundation Version Control.** June 02, 2020. Disponível em: <https://docs.microsoft.com/en-us/azure/devops/repos/tfvc/what-is-tfvc?view=azure-devops>. Acesso em: 20 jun. 2021.

MICROSOFT. **Serviço de Kubernetes do Azure.** 24 fev. 2021. Disponível em: <https://docs.microsoft.com/pt-br/azure/aks/intro-kubernetes>. Acesso em: 27 jun. 2021.

MIRO MEDIUM. Disponível em: <https://miro.medium.com/max/863/0*f1vwl8m7cFWvtxi7.jpg>. Acesso em: 22 jun. 2021.

MUNIZ, Antonio et al. **Jornada Ágil do Produto.** Rio de Janeiro: Brasport, 2020.

MUNIZ, Antonio et al. **Jornada DevOps.** Rio de Janeiro: Brasport, 2019.

MUNIZ, Antonio et al. **Jornada Kanban na prática.** Rio de Janeiro: Brasport, 2021.

MUNIZ, Antonio; IRIGOYEN, Analia. **Jornada Ágil e Digital.** Rio de Janeiro: Brasport, 2019.

MURPHY, Thomas. **The Evolution of ADLM.** Oct. 19, 2015. Disponível em: <https://blogs.gartner.com/tom_murphy/2015/10/19/the-evolution-of-adlm/>. Acesso em: 22 jun. 2021.

POSTMAN LEARNING CENTER. **Running collections on the command line with Newman.** Disponível em: <https://learning.postman.com/docs/running-collections/using-newman-cli/command-line-integration-with-newman/>. Acesso em: 20 jun. 2021.

PRESSMAN, Roger S. **Engenharia de Software.** 5.ed. Porto Alegre: McGraw-Hill/Bookman, 2011.

SCHWABER, Ken; SUTHERLAND Jeff. **The Scrum Guide – The Definitive Guide to Scrum:** the rules of the game. Nov. 2017. Disponível em: <https://www.scrumguides.org/docs/scrumguide/v2017/2017-Scrum-Guide-US.pdf#zoom=100>. Acesso em: 22 jan. 2021.

SEI. **CMMI for Development (CMMI-DEV), Version 2.0.** Pittsburg, PA: Software Engineering Institute, s.d.

SHANHOLTZER, Heather. The Cloud and ALM: An Interview with Mik Kersten. **CM Crossroads**, June 15, 2012. Disponível em: <https://www.cmcrossroads.com/interview/cloud-and-alm-interview-mik-kersten>. Acesso em: 22 jun. 2021.

SILVA, Paulo Roberto da; SANTOS, Mario Roberto; SHIBAO, Fabio Ytoshi. Desenvolvimento de Softwares: CMMI e Metodologias Ágeis. **Revista Livre de Sustentabilidade e Empreendedorismo**, vol. 4, n. 3, maio-jun. 2019, p.157-184.

SOFTEX. **MPS – Melhoria do Processo de Software Brasileiro.** Guia Geral. 2020.

SONARQUBE. Site. Disponível em: <https://www.sonarqube.org/>. Acesso em: 22 jun. 2021.

UNIVERSIA. **Seu cérebro só consegue se concentrar por 90 minutos sem pausa; entenda.** 12 set. 2013. Disponível em: <https://www.universia.net/br/actualidad/orientacao-academica/seu-cerebro-so-consegue-se-concentrar-90-minutos-sem-pausa-entenda-1048923.html>. Acesso em: 22 jun. 2021.

WEERASINGHE, Thilanka. Run Postman API Tests in the Azure DevOps Pipelines. **The Geveo Blog**, Feb. 06, 2020. Disponível em: <http://blog.geveo.com/Run-Postman-API-tests-in-Azure-DevOps-Pipelines>. Acesso em: 20 jun. 2021.

Dedicatória e agradecimentos

Dedico mais um livro aos amores da minha vida: meus filhos Lucas e Luisa e minha esposa Keila. Agradeço a Deus essa nova conquista e parabenizo o time organizador pelo comprometimento na curadoria e os coautores pela dedicação e excelência que resultou em mais uma obra incrível para nossa série da Jornada Colaborativa. Agradecimento especial para a minha amiga-irmã Analia pela habitual maestria na liderança do time e ao Marcelo Costa pelo papo super animado que foi o grande pontapé para iniciar este livro. Agradeço a meus familiares e amigos da SulAmérica, Jornada Colaborativa e AdaptNow pelas oportunidades de aprendizado e aos milhares de alunos, leitores e participantes das minhas palestras pela grande receptividade e troca de experiências que me tornam uma pessoa melhor a cada dia.

Antonio Muniz
Fundador da Jornada Colaborativa e JornadaCast

Este livro é uma vontade antiga de realizar a disseminação do meu conhecimento a respeito do Azure DevOps. Comecei na ferramenta com o nome de TFS (*Team Foundation Server*) em 2010 e já ajudei a implementá-la por diversas empresas no Brasil. Para essa missão ainda encontrei pessoas extraordinárias com grande conhecimento em Azure DevOps e na área de *DevOps*, principalmente a Analia, por ser incansável na reta final do livro. Para chegar a esse estágio da minha vida, agradeço e dedico aos meus pais, Belmar e Inês Costa, aos meus avós, Antônio e Maria Júlia Pinheiro, e aos meus irmãos, Belmar Jr e Ana Paula. Essas pessoas foram fundamentais em toda a minha formação pessoal e acadêmica. Eu agradeço a presença da Daniella Fernandes na minha vida e o incentivo para a finalização do livro. Eu agradeço aos professores e amigos das instituições COPPE/UFRJ, UFPA e FMM pela troca de conhecimentos na área de ciência da computação.

Marcelo Nascimento Costa
Idealizador, organizador e coautor da Jornada Azure DevOps na Prática

Este livro é especial, pois estou literalmente entre amigos: curadores e coautores que contribuíram e muito para o resultado final. São profissionais que vivem as delícias e dificuldades do Azure DevOps no dia a dia e isso é o que torna este livro mais especial. Meu agradecimento a cada um de vocês: pelo livro, pelo aprendizado e pelas discussões maravilhosas ao longo dos nossos encontros. Muniz, Fafá, Joana, Marcelo, Norberto e Ricardo: foi um imenso prazer estar com vocês nesta curadoria. Alexandro, Bruna, Ju, Marina, Pedro, Rosana, Dulcetti e Willow: obrigada por tanta troca, vocês foram maravilhosos. Felipe chegou para enriquecer o livro com seu *case*: muito obrigada! Este é meu segundo livro com o meu irmão Ricardo, que me orgulha mais e mais a cada dia: pela sua dedicação e procura incansável pelo conhecimento. Carolina e Daniela, vocês são meu orgulho, minhas filhas tão amadas, digo e repito: "nós mulheres podemos ser o que quisermos"; por isso dedico este livro a vocês. Aos meus sócios e melhores amigos David Zanetti (que é ainda meu companheiro de vida) e Mariano Montoni (que sempre me incentivam), à minha mãe Liliana (*in memoriam*), ao meu pai Ricardo, aos meus irmãos: Gabriela e Diego, à minha amiga-irmã Roberta, aos meus amigos Fernando Bichara e Ana Teresa, aos meus sobrinhos: Rafaela, Bernardo e Mariana, e às minhas afilhadas, Raquel e Alice: os maiores presentes de Deus na minha vida. Esta jornada foi deliciosa: cheia de aprendizado, risadas e altos bate-papos.

Analia Irigoyen
Organizadora e coautora da Jornada Azure DevOps na Prática

Primeiramente, dedico este livro em especial à minha querida e amada esposa, pessoa especial e iluminada, Valquíria Bertossi, sempre presente nos momentos mais desafiadores da minha vida. Ao meu pai Issamu Enomoto (*in memoriam*) e à minha mãe Hisayo Enomoto, os quais sempre me apoiaram nas minhas iniciativas e nunca mediram esforços para que eu tivesse acesso à educação de qualidade. Ao meu irmão Juliano Hideo Enomoto e à minha irmã Fabiana Naomi Enomoto o meu agradecimento, apesar de estarmos separados pela distância.

Dedico também aos meus amigos Antonio Muniz e Analia Irigoyen por terem me apresentado ao projeto Jornada Colaborativa e me concedido a honra de participar desta incrível iniciativa.

Também agradeço ao meu grande amigo Enoque Borges pelo apoio incondicional e também pelas longas conversas e conselhos.

Norberto Hideaki Enomoto
Organizador e coautor da Jornada DevOps na Prática

Em primeiro lugar, agradeço a Deus pela minha vida, saúde e energia para a escrita deste livro, que, com certeza, é um grande marco para mim.

Gostaria de agradecer a minha maior incentivadora nesta jornada maravilhosa, minha amiga Analia Irigoyen, que mesmo com todos os desafios (principalmente a pandemia do COVID-19), estava sempre lá, dando todo apoio e suporte de que eu precisava!

Agradeço também ao meu companheiro, Felippe Carvalho, que suportou minhas ausências, e principalmente meu mau humor, após noites em claro para conseguirmos fechar este livro. Agradeço também a minha família por serem tão compreensivos, já que até os nossos encontros virtuais eu furei para me dedicar a esta obra.

E, por fim, mas não menos importante, quero agradecer a todos os coautores, aprendizes e aqueles que, de alguma forma, nos apoiaram na escrita e finalização deste livro. Esse é o espírito da Jornada, a colaboração, e sem vocês nada disso teria sido possível de se realizar.

Fabrício Gama
Organizador e coautor da Jornada DevOps na Prática

Primeiramente gostaria de dedicar esse livro ao maior amor da minha vida, minha pequena Bruna, que chegou de surpresa e já estávamos na preparação deste livro. Ela foi minha maior companheira de muitas noites escrevendo, em meio a chutes, enjoos e muito amor. Ao meu marido e maior companheiro, Bruno Soares, por toda paciência e incentivo para que não desistisse mesmo gravidíssimos – te amo muito! Ao meu pai João Lopes, minha mãe Joice Carrasco (*in memoriam*), meus irmãos Juliana Carrasco e Jefferson Carrasco por todo o apoio de sempre e aos meus avós José Carrasco Rua e Joe Emília Pavão Carrasco por estarem comigo, mesmo de longe, me transmitindo todo amor e me incentivando a ser uma pessoa melhor, sempre! Amo muito vocês!

Dedico este livro aos meus amigos, e padrinhos de casamento, Phillipi Goulart e Elba Cynthia por terem sido incansáveis, comigo e com a minha família, no meio de uma pandemia. Aos meus primos e primas que estão sempre mostrando um novo ponto de vista e me fazendo ser uma pessoa melhor.

Em especial aos meus amigos Antonio Muniz e minha querida amiga e musa inspiradora Analia Irigoyen, por terem me apresentado à Jornada Colaborativa e terem confiado no meu trabalho. Aos amigos queridos Carol Vilas Boas e Rodolfo por toda a amizade e companheirismo. À minha amiga Mirelly Nogueira, que tanto me incentiva e me motiva a seguir nesse aprendizado contínuo. E à minha mais nova amiga Bárbara Cabral, por toda a amizade e união em vários projetos. Agradeço aos coautores dedicados e empenhados na criação desse projeto. Somos assim, unidos, e juntos formamos essa família Jornada Colaborativa, levando amor, conhecimento e muita solidariedade às pessoas. Gratidão imensa por mais esse projeto.

Joana Carrasco
Organizadora e coautora da Jornada Azure DevOps na Prática

Eu só tenho a agradecer à minha grande amiga e companheira da minha vida, pessoa que admiro e sou apaixonado! Amo tudo que nos representa e nos cerca, Vanessa Lopes Irigoyen, este livro em primeiro lugar dedico a você pela paciência e pelo apoio! Dedico à minha irmã Analia, que sempre acreditou no meu potencial e me puxou para fazer os trabalhos com ela, contribuindo muito para meu crescimento profissional.

Dedico à minha mãe Liliana (*in memoriam*), ao meu pai Ricardo e Ana Teresa, aos meus irmãos: Gabriela e Diego, à minha sogra Maria da Glória Pereira pelo apoio incondicional em um momento importante da vida da minha família, minhas duas filhas Rafaela e Mariana, minhas princesas por quem faço tudo, e meus sobrinhos: João Vinicius, Sophia, Carolina, Alice. Minha afilhada Daniela e meu afilhado Bernardo. Todos contribuindo com um pouco de paciência pelo tempo que fiquei trabalhando e o mau humor do cansaço de ficar na frente do computador.

Ricardo Almandos Irigoyen
Organizador e coautor da Jornada DevOps na Prática

Os autores

<table>
<tr><td></td><td>Alexandro Ramos Alves
Trabalhando há 22 anos com tecnologia da informação, formado em Ciência da Computação pela Universidade da Cidade, Processos Gerenciais pela Fundação Getúlio Vargas (RJ), pós-graduado em Arquitetura de Sistemas pela Universidade do Paraná, pós-graduando em Engenharia de Sistemas pela PUC-MG, mestrando em informática pela Universidade Federal do Estado do Rio de Janeiro, tendo experiência em desenvolvimento de sistemas e atuando como analista desenvolvedor de soluções DevOps. Pai do Alexis, 23 anos, apaixonado por tecnologia.
LinkedIn: <https://www.linkedin.com/in/alexandroramosalves/></td></tr>
<tr><td></td><td>Analia Irigoyen
Sócio-fundadora da ProMove Soluções (<www.promovesolucoes.com>), mestre em Engenharia de Sistemas e Computação pela UFRJ (2009). Apaixonada por melhoria contínua, aprendizado contínuo e por pessoas.
LinkedIn: <https://www.linkedin.com/in/analiairigoyen></td></tr>
<tr><td>
</td><td>Antonio Muniz
Apaixonado por pessoas, agilidade, colaboração, comunidades, DevOps, empreendedorismo, inovação, lean, liderança, startups, tecnologia, facilitação e palestras. Fundador da Jornada Colaborativa, host do JornadaCast, professor de MBA, mentor, escritor e produtor de videoaulas.
LinkedIn: <https://www.linkedin.com/in/muniz-antonio1/></td></tr>
<tr><td></td><td>Bruna Lanzarini
Graduanda em Sistemas de Informação pela FIAP, nomeada Gold Microsoft Learn Student Ambassador pela Microsoft e atualmente Customer Engineer Intern, também na Microsoft. É co-organizadora das comunidades NerdZão e NerdGirlz, onde atua com compartilhamento de conteúdo de forma gratuita. É também uma grande entusiasta de inteligência artificial e da humanização em tecnologias.
LinkedIn: <https://www.linkedin.com/in/brunadl/></td></tr>
</table>

Bruno Dulcetti
Um entusiasta musical, etílico e de tecnologia, que trabalha com *front-end* há 20 anos. Formado em Gestão e Criação de Ambientes Internet pela Estácio e pós-graduado em Interface, Internet e Multimídia pela UFF/RJ. Já foi professor na UniverCidade e Faculdade CCAA. Atualmente é Coordenador de Desenvolvimento na Allied e gosta de estudar/ouvir música, programar, cozinhar e falar besteiras. Adora JavaScript, Git, beber cerveja e ensinar qualquer coisa.
LinkedIn: <https://www.linkedin.com/in/dulcetti/>

Bruno Jardim
Formado em administração com pós em gestão de projetos e certificação PMP, PSM e PSPO. Mais de 10 anos de experiência em gerenciamento de projetos. Escritor, poeta, músico por *hobby* e um inconformado por natureza.
LinkedIn: <https://www.linkedin.com/in/brunojardim/>

Carla Frazão
Graduada em Sistemas de Informação e pós-graduada em Engenharia de Software, atua na área de Qualidade de Software há 7 anos. Ama viajar, conhecer novas culturas e explorar a gastronomia local.
LinkedIn: <https://www.linkedin.com/in/carla-fraz%C3%A3o-60198b4a/>

Fabrício Gama
Graduado em Engenharia da Computação pela Universidade Santa Úrsula (RJ), é certificado em *Lean Inception*, *Management* 3.0 e *Kanban* (KMP). Trabalha há 12 anos na área de tecnologia da informação. É apaixonado por *games*, tecnologia, agilidade e melhoria contínua.
LinkedIn: <https://www.linkedin.com/in/fabriciogama/>

Felipe Pimentel Augusto
Formado em Ciências da Computação e pós-graduando em arquitetura de sistemas, atualmente atuando como arquiteto de sistemas e soluções, se considera um eterno desenvolvedor, com fortes características de liderança, além de ser apaixonado por tecnologias e esportes.
Linkedin: <https://www.linkedin.com/in/felipementel>

Joana Carrasco
Engenheira da computação formada pela Universidade Veiga de Almeida e pós-graduada em Gestão de Projetos e Processos pela UCAM (2019). Apaixonada por infraestrutura e entusiasta *DevOps*. Encantada com o relacionamento interpessoal e eterna amante da tecnologia. As metodologias ágeis aliadas à melhoria contínua a encantam a cada dia. É uma eterna aprendiz com sorriso no rosto.
LinkedIn: <http://linkedin.com/in/joanacarrasco>

Juliana Barros de Souza
Administradora, atuando como *Scrum Master* em projetos de software. É apaixonada por novos aprendizados, em especial quando relacionados com psicologia, comunicação e tecnologia. Nas horas vagas, é responsável por administrar a empresa e mídias sociais de sua mãe, a Jaleco's Cida e também é voluntária da comunidade Jornada Colaborativa.
LinkedIn: <https://www.linkedin.com/in/jubarrosdesouza/>

Luann Francisco
Graduado em Tecnologia da Informação e da Comunicação, certificado em *Management* 3.0, com 13 anos na área de TI. Apaixonado por música, fotografia, tecnologia e liderança.
LinkedIn: <https://www.linkedin.com/in/luannfrancisco/>

Marcelo Nascimento Costa
Mestre em Banco de Dados pela COPPE/UFRJ e Bacharel em Ciência da Computação pela UFPA. Professor de graduação e pós-graduação em Ciência e Engenharia da Computação. Gestor da área de *DevOps* no mercado financeiro. Autor de diversos artigos científicos sobre Engenharia de Software em diversas revistas e conferências. Experiência de mais de 20 anos em projetos de consultoria e desenvolvimento para diferentes empresas de grande porte.
LinkedIn: <https://www.linkedin.com/in/marcelo-n-costa>

Marina Alckmin
Entusiasta *DevOps*, certificada *DevOps Professional* e ITIL® V3 pela EXIN, Engenheira de Telecomunicações formada pelo Instituto Nacional de Telecomunicações (Inatel) e pós-graduada em Gestão de Projetos pela FAI-MG (Centro de Ensino Superior em Gestão, Tecnologia e Educação). Apaixonada pela família, por futebol e por *board games*.
Aprender sempre e vencer desafios!
LinkedIn: <https://www.linkedin.com/in/marinaalckmin/>

Norberto Hideaki Enomoto
Arquiteto de Soluções com perfil mão na massa (*hands-on*). Formado em Ciência da Computação pela Universidade Federal de Viçosa. Pós-graduado em Gerenciamento de Projeto pela Universidade Federal do Rio de Janeiro e Internet das Coisas (IoT) pelo Instituto Nacional de Telecomunicações (Inatel). Atualmente tem liderado projetos de Transformação Digital utilizando tecnologias como arquitetura de microsserviços, APIs, *DevSecOps* e internet das coisas.
"Aprenda como se você fosse viver para sempre. Viva como você fosse morrer amanhã" (Mahatma Gandhi).
LinkedIn: <https://www.linkedin.com/in/norbertoenomoto/>

Pedro Durão Romero
Formado em Engenharia de Produção pela Universidade Veiga de Almeida (UVA), cursando MBA em Gestão de Tecnologia da Informação pela FIAP, tendo experiência nas áreas de Qualidade e Processos através de atuações em Empresa Júnior, estágios e recentemente como Analista de Qualidade. Vivencia no dia a dia o trabalho com as metodologias ágeis como o *Scrum* e utiliza o Azure DevOps como forma de gestão de projetos. Apaixonado por *games*, séries e composição de música.
LinkedIn: <https://www.linkedin.com/in/pedrodurao/>

Ricardo Almandos Irigoyen
Profissional com perfil estratégico e técnico, apaixonado por melhoria contínua, *DevOps*, segurança e inovação. DPO, integrante da ANPPD®. Formado em desenvolvimento de sistemas pela UVA/RJ.
LinkedIn: <https://www.linkedin.com/in/ricardoirigoyen>

Rosana Teixeira de Almeida Nitta
Formada em Microeletrônica pela Fatec-SP, pós-graduada em Gestão de Projetos de TI pelo IPT-SP, certificada ITIL®, COBIT® e ISO 20000. Gestora de TI, focada em gente, busca aprimoramento contínuo em gestão de projetos e transformação digital. Tem se dedicado ao aprimoramento da liderança e ao uso de metodologias que tragam mais sinergia com as novas demandas do mercado, focando em processos e pessoas. Acredita que sempre haverá um caminho, uma alternativa, sempre haverá uma segunda chance. O importante é não desistir dos seus objetivos.
LinkedIn: <https://www.linkedin.com/in/rosana-teixeira-de-almeida-nitta-16b0b714/>

Willow Cavalheiro Chung
Engenheiro de Software Sênior e Líder da Equipe na Radix Engenharia e Software. *Front-end*, *back-end* e experiente em desenvolvimento *mobile*. Apaixonado por trabalhar com pessoas e cultura. Sempre tentando exercer empatia.
LinkedIn: <https://www.linkedin.com/in/willowchung/>